뚝딱 PostgreSQL 레시피

지은이
김익서

2005년 농심데이타시스템즈에서 개발자로 커리어를 시작했다. 2008년부터 2015년까지 비투엔컨설팅에서 데이터 컨설턴트로 재직하면서 데이터베이스 기술과 SQL 교육에 대한 경험을 쌓았다. 'SQL전문가가이드' 초판의 공저자로 참여했으며 한국데이터진흥원에서 주관하는 SQLD, SQLP 자격검정 전문위원으로 2022년도까지 활동했다. 국민대학교, 삼성전자, KB데이타시스템 등에서 SQL 교육을 수행했으며 2022년부터 와우패스에서 SQLD 전담 강사로 활동 중이다. 현재 싸이버로지텍에서 DA로 근무 중이다.

뚝딱 **PostgreSQL** 레시피

Copyright ⓒ 2024 by KIM ICSEO
All rights reserved. Including the rights of reproduction in whole or in part in any form.
Printed in KOREA.

초판 1쇄 발행 | 2024년 7월 15일

지은이	김익서
펴낸이	조시형
펴낸곳	주식회사 디비안
디자인	이정숙
출판등록	2018년 4월 5일 제2018-000041호
주소	서울특별시 영등포구 당산로31길 16-1, 201호 (당산동3가, JUM빌딩)
전화	02-2662-8246
팩스	050-4394-8246
홈페이지	www.dbian.co.kr
커뮤니티	www.dbian.net, www.sqlp.co.kr

ISBN 979-11-91941-10-4 93000
값 22,000원

이 책은 저작권의 보호를 받으며, 출판권자의 승인을 받지 않은 복사, 변형, 유포, 게재, 디지털 매체로의 저장 및 전송, 촬영, 녹취 등의 일체 행위는 금지됩니다.

뚝딱 PostgreSQL 레시피

오라클과
PostgreSQL을
한 번에

김익서 지음

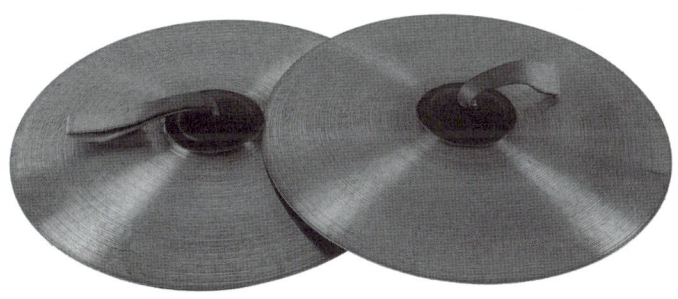

서문

좋은 선배님들 덕분에 기술을 배우고 생계를 유지할 수 있었습니다. 선배님이 지식과 경험을 알려주실 때마다 혼자 알기 아까워서 부탁드렸습니다. "꼭 책으로 만들어주세요." 친구가 관련 책을 쓸 때도 진심으로 부탁했습니다. "내가 이해하지 못하는 부분을 꼭 넣어서 설명해줘." 이제야 그런 부탁이 얼마나 큰 부담이었는지 깨닫게 되었습니다. 데이터베이스 관련 책을 집필한 모든 분들에게 깊은 존경과 감사의 마음을 전합니다. 필요한 책인데 아직 세상에 없다면 그 책은 감히 제가 써도 되는 책이라고 생각하고 용기를 냈습니다.

오라클 시스템을 PostgreSQL로 전환하면서, 단순히 SQL 문법을 옮기는 것만으로도 복잡했습니다. 전환된 PostgreSQL의 SQL 성능을 오라클 사용 시의 성능과 비슷하게 맞추려고 노력했는데 만만치 않은 도전이었습니다. 이 과정에서 많은 시간과 노력이 들었고, 저의 부족함뿐만 아니라 PostgreSQL 관련 서적의 부족함도 느끼게 되었습니다. 그 필요를 담아 책을 집필하게 되었습니다. 책에서 제공하는 예시들은 SQL을 처음 배우는 분들뿐만 아니라 오라클 시스템을 PostgreSQL로 전환하려는 분들에게 실질적인 도움을 줄 것입니다.

저는 여러모로 운이 좋았습니다. 일에서 보람을 얻으며 생활의 주체로 살아가는 데 필요한 기술을 가르쳐준 선배, 친구, 후배들 덕분에 현재의 삶을 영위할 수 있었습니다. 그들로부터 받은 지식과 경험을 조금이라도 나누려 노력했지만, 받은 만큼 돌려줄 수 있는 능력이 모자라 아쉬움이 남습니다. 부족하지만 이 책을 통해서라도 누군가에게 도움이 되기를 바랍니다.

책을 발간하는 데 도움을 주신 많은 분들에게 감사의 말씀을 전합니다. 부모님이 저에게 삶을 주셨다면 조시형 대표님은 삶을 살아가는 데 필요한 도구를 주셨습니다. 생계를 책임지는 기술뿐만 아니라 실질적인 기술 교육의 기회를 제공해 주신 데 대해 깊이 감사드립니다. 책 집필을 위해 내부 이해당사자들을 설득하는 데 큰 힘을 써주신 이왕수 팀장님 감사합니다. 내 스승이자 시기심이 느껴지지 않는 친구 희락이, 옆에서 기술자의 길을 알려주시는 정윤구 이사님 감사드립니다. 오랜만에 봐도 어색하지 않은 재우 형님, 멀리서도 경험을 공유해주시는 승범이 형님, 같은 팀에서 저를 도와준 안철정, 강경민, 장태길, 정시광, 이준규, 임상준, 유지수 수석님과 언제든지 나타나 도움을 준 창환, 용진, 경수, 선옥, 웅수, 규종이 형, 김용찬 대표님, 유일환 수석님, 김태형 수석님에게도 진심으로 감사드립니다. 책의 출판과 디자인에 힘 써주신 전희영 님, 이정숙 님에게도 깊은 감사를 전합니다.

마지막으로, 제가 살아가는 이유이자 모든 것의 근원인 '평평'과 '가정'에게 무한한 사랑과 감사를 보냅니다. 제가 가진 삶과 기술 전부는 그들과 함께 하기 위한 것입니다. 이 책이 제게 도움 준 모든 분들에게 소소한 기쁨이 되고, 읽는 분들에게는 요긴한 도움이 되기를 바랍니다. 고맙습니다.

김익서

목차

CHAPTER 1　SQL 기본 문법　8

1.1. SELECT　10
1.2. FROM　11
1.3. WHERE　12
1.4. 조건 연산자　13
- 1.4.1. AND 조건과 OR 조건　13
- 1.4.2. NOT 조건　16
- 1.4.3. = 조건　17
- 1.4.4. 범위 조건　17
- 1.4.5. NULL 조건　20

1.5. 인라인뷰　21
1.6. 정렬 및 그룹화　22
- 1.6.1. ORDER BY 절　22
- 1.6.2. GROUP BY 절　27

1.7. 집합 연산　34
- 1.7.1. 합집합　35
- 1.7.2. 교집합　36
- 1.7.3. 차집합　37

CHAPTER 2　스칼라 함수　40

2.1. 숫자 함수　40
- 2.1.1. ABS　40
- 2.1.2. SQRT　41
- 2.1.3. CBRT　41
- 2.1.4. POWER　41
- 2.1.5. CEIL　42
- 2.1.6. FLOOR　42
- 2.1.7. DIV　42
- 2.1.8. MOD　45
- 2.1.9. ROUND　45
- 2.1.10. TRUNC　46
- 2.1.11. SIGN　46
- 2.1.12. 무작위수(RANDOM)　47

2.2. 문자 함수　48
- 2.2.1. UPPER　48
- 2.2.2. LOWER　48
- 2.2.3. INITCAP　49
- 2.2.4. CONCAT　49
- 2.2.5. ||　50
- 2.2.6. CONCAT_WS(오라클 미지원)　51
- 2.2.7. SUBSTRING(오라클 미지원), SUBSTR　51
- 2.2.8. SUBSTRB(PostgreSQL 미지원)　54
- 2.2.9. LEFT(오라클 미지원), RIGHT(오라클 미지원)　55
- 2.2.10. SPLIT_PART(오라클 미지원)　56
- 2.2.11. REPLACE　56
- 2.2.12. OVERLAY(오라클 미지원)　57
- 2.2.13. TRANSLATE　57
- 2.2.14. LENGTH, CHAR_LENGTH(오라클 미지원), CHARACTER_LENGTH(오라클 미지원)　58
- 2.2.15. OCTET_LENGTH(오라클 미지원)　59
- 2.2.16. LPAD, RPAD　60
- 2.2.17. LTRIM, RTRIM　60
- 2.2.18. BTRIM(오라클 미지원)　61
- 2.2.19. ASCII　61
- 2.2.20. CHR　62
- 2.2.21. POSITION(오라클 미지원), STRPOS(오라클 미지원)　63
- 2.2.22. REPEAT(오라클 미지원)　64
- 2.2.23. GREATEST, LEAST　64
- 2.2.24. ILIKE(오라클 미지원)　65

2.3. 날짜 함수　66
- 2.3.1. 자주 사용하는 PostgreSQL 날짜 함수 사용 형태　66

2.3.2.	TO_DATE	67
2.3.3.	TO_TIMESTAMP	68
2.3.4.	특정일자의 시작과 끝 시각 구하기	69
2.3.5.	현재를 기준으로 어제, 오늘, 내일 구하기	70
2.3.6.	시분초 제거하기	72
2.3.7.	월의 마지막 날 구하기(LAST_DAY)	72
2.3.8.	요일 구하기(EXTRACT)	73
2.3.9.	한국, 미국, 영국 날짜 표현	74
2.3.10.	일정 기간 이후 시각 구하기	75
2.3.11.	시각 값 자르기	78
2.3.12.	시각 값에서 특정 부분 추출하기	79
2.3.13.	일자간 차이 구하기	81
2.3.14.	입력 일 이후 특정 요일인 첫번째 일자 구하기	85
2.3.15.	테이블에서 일자 단위 데이터 조회 예시	85

2.4 변환 함수 86

2.4.1.	형 변환 방법	86
2.4.2.	TO_CHAR(숫자를 문자로 변경)	90
2.4.3.	TO_CHAR(일자를 문자로 변경)	91
2.4.4.	TO_NUMBER(문자를 숫자로 변경)	92
2.4.5.	TO_DATE(문자를 시각으로 변경)	93
2.4.6.	NULLIF	93
2.4.7.	NVL과 NVL2	94

2.5 ARRAY 관련 함수와 조회 방법 95

2.5.1.	ARRAY 데이터 생성과 기본 이해하기	95
2.5.2.	ARRAY에서 특정 데이터 추출하기	96
2.5.3.	ARRAY 차원 파악	97
2.5.4.	ARRAY 길이 파악	98
2.5.5.	ARRAY에 값 추가	98
2.5.6.	ARRAY 결합	99
2.5.7.	ARRAY에서 특정 값의 위치 찾기	99
2.5.8.	문자열을 ARRAY로 변환	100
2.5.9.	ARRAY를 문자열로 변환	101
2.5.10.	ARRAY를 row로 분리	101
2.5.11.	row 값을 ARRAY로 변환	102
2.5.12.	ARRAY간 비교	103
2.5.13.	ARRAY 칼럼에 있는 값 조회(sample)	105

CHAPTER 3 타임존 설정 및 변환 112

3.1. 세션 타임존 확인 및 설정 방법 112
3.2. 타임존 변환 방법 113

3.2.1.	WITH TIME ZONE 사용	114
3.2.2.	WITHOUT TIME ZONE	116

3.3. sysdate 변환 117

3.3.1.	sysdate 변환 방법 제안	118
3.3.2.	테스트 요약	118
3.3.3.	상세 테스트 결과	119

CHAPTER 4 조인 128

4.1. 이너조인(INNER JOIN) 128
4.2. 아우터조인(OUTER JOIN) 131

CHAPTER 5 분석함수 138

5.1. 분석함수 기본 문법 139

5.1.1.	WINDOWING 절	139

5.2. 다양한 분석함수 145

5.2.1.	ROW_NUMBER	145
5.2.2.	RANK와 DENSE_RANK	146
5.2.3.	LEAD와 LAG	147
5.2.4.	LISTAGG, STRING_AGG, ARRAY_AGG	149
5.2.5.	CUME_DIST	152
5.2.6.	PERCENT_RANK	153
5.2.7.	NTILE	154
5.2.8.	FIRST_VALUE, LAST_VALUE	154
5.2.9.	NTH_VALUE	157

CHAPTER 6 · SQL 활용 160

6.1. 조인업데이트 160
- 6.1.1. 오라클의 조인업데이트 161
- 6.1.2. PostgreSQL의 조인업데이트 163

6.2. DML을 포함한 WITH절 165
- 6.2.1. 기본적인 WITH DML 구문 166
- 6.2.2. WITH DML을 이용한 MULTI TABLE INSERT 166
- 6.2.3. WITH DML을 이용한 UPSERT 169
- 6.2.4. ON CONFLICT를 사용한 제약 조건 처리 170

6.3 LATERAL 171
- 6.3.1. 오라클에서 LATERAL 사용 171
- 6.3.2. PostgreSQL에서 LATERAL 사용 175
- 6.3.3. LEFT OUTER JOIN LATERAL 177

6.4. 기타 SQL 사용법 178
- 6.4.1. WHERE rownum = 1 변환 178
- 6.4.2. 원하는 건수의 임시 집합 만들기 179
- 6.4.3. 시퀀스 NEXTVAL 호출 180
- 6.4.4. SELECT절에 NOT EXISTS, EXIST 사용 (PostgreSQL) 181
- 6.4.5. FILTER 구문 사용(PostgreSQL) 182
- 6.4.6. IS DISTINCT FROM 183
- 6.4.7. DISTINCT ON 184

CHAPTER 7 · 계층 데이터 조회 190

7.1. 계층 데이터 모델 190

7.2. 오라클의 CONNECT BY 구문 작동 원리 191
- 7.2.1. START WITH 절 191
- 7.2.2. 계층 데이터 연결 192
- 7.2.3. 순방향 전개와 역방향 전개 194
- 7.2.4. 데이터 필터링 195
- 7.2.5. 계층 쿼리 결과 정렬하기 197
- 7.2.6. 기타 사용 가능 칼럼 198
- 7.2.7. 오류 데이터로 인한 무한 루프 처리 200
- 7.2.8. CATEGORY FULL PATH 출력 201

7.3. Recursive Subquery Factoring 205
- 7.3.1. Recursive Subquery Factoring 기초 문법 205
- 7.3.2. Recursive Subquery Factoring 동작 방식 207
- 7.3.3. Recursive Subquery Factoring 레벨 우선 정렬 208
- 7.3.4. Recursive Subquery Factoring 계층 우선 정렬 211
- 7.3.5. CONNECT_BY_ISLEAF, CONNECT_BY_ROOT, SYS_CONNECT_BY_PATH 값 만들기 214
- 7.3.6. Recursive Subquery Factoring 무한 루프(cycle) 데이터 처리 217
- 7.3.7. Recursive Subquery Factoring을 이용한 계층 누적합 계산 223

CHAPTER 8 · PostgreSQL SQL 작성 가이드(참고용) 228

찾아보기 248

* 책에서 사용한 스크립트는 PostgreSQL 14버전에서 테스트를 했습니다.

CHAPTER 1
SQL 기본 문법

1.1. SELECT
1.2. FROM
1.3. WHERE
1.4. 조건 연산자
1.5. 인라인뷰
1.6. 정렬 및 그룹화
1.7. 집합 연산

CHAPTER 1 SQL 기본 문법

DBMS는 크게 관계형(Relational) 데이터베이스와 비관계형(Non-Relational) 데이터베이스로 나뉜다. 웹 시스템에서는 주로 관계형 데이터베이스를 사용하는데, 이의 기술적 한계로 인해 특정 요구사항을 만족시키지 못하는 경우가 있다. 이를 해결하기 위해 나온 것이 비관계형 데이터베이스다. 비관계형 데이터베이스를 흔히 NoSQL이라 하고, 관계형 데이터베이스를 RDBMS라고 부른다. 비관계형 데이터베이스에는 MongoDB, Amazon DynamoDB, CouchDB 등이 있으며, 관계형 데이터베이스에는 ORACLE, SQL Server(MSSQL), MySQL, PostgreSQL 등이 있다. SQL은 RDBMS를 위해 특별히 만들어진 언어로, JAVA나 C와 같은 프로그래밍 언어와는 다르다. SQL은 프로그램 로직을 만드는 것이 아니라 필요한 데이터 셋을 정의한다. 필요한 데이터를 정의하면, RDBMS는 이를 RDBMS가 최적이라고 판단한 방식으로 데이터 셋을 만들어서 사용자에게 반환한다. 대부분의 웹 애플리케이션은 RDBMS를 사용하고, 데이터 추출과 기본적인 데이터 분석에 SQL이 유용하므로 관심을 갖고 학습할 가치가 있다. RDBMS는 데이터를 우리에게 익숙한 2차원 테이블 구조로 저장한다. 이해가 어렵다면 칼럼의 개수와 행의 수가 무한한 엑셀 시트라고 생각해도 무방하다.

위와 같은 엑셀 시트 모양으로 데이터가 있다고 가정할 때, FILM 시트의 film_id와 title 칼럼값을 조회하는 SQL을 만들어보자. 기본적으로 SELECT 절에는 출력할 칼럼 명을 기재한다. 여러 칼럼을 조회할 때는 칼럼 사이에 쉼표(,)를 사용하며, 모든 칼럼을 조회할 때는 별표(*) 기호를 사용한다. FROM 절은 SELECT 절 다음에 위치하며 데이터를 가져올 테이블 명을 기재한다. FILM 테이블에서 데이터를 가져와야 하므로 'FROM film'이라고 적는다. SQL은 따옴표(' ') 안에 있는 내용이 아니면 대소문자를 구분하지 않으며, 띄어쓰기와 줄 바꿈에 대한 제한도 없다.

```sql
SELECT film_id
     , title
  FROM   film ;
```

위의 SQL은 아래와 같이 작성해도 에러 없이 수행된다. 그러나 이 책에서는 가독성을 고려하여 띄어쓰기와 줄 바꿈을 적절히 사용할 것이다.

```sql
SELECT film_id,title FROM film;
```

엑셀에서 전체 데이터 중 특정 데이터만 보고자 할 때 필터 기능을 사용하는데 SQL에서는 WHERE 절을 사용한다. WHERE 절은 SELECT, FROM 절 뒤에 위치하며, 부등호, IN, LIKE, BETWEEN 등을 사용해서 조건을 지정한다.

```sql
WHERE film_id = 133 /* film_id가 133인 데이터. */
WHERE length >= 117 /* length가 117 이상인 데이터. */
WHERE rating = 'NC-17' /* rating이 'NC-17'인 데이터. 문자는 숫자와 달리 ' ' 사이에 쓰고
                         ' ' 사이에 있는 문자는 대소문자를 구별한다. */
WHERE film_id IN (1,8) /* film_id가 1이거나 8인 데이터. */
WHERE title LIKE 'Academy%' /* title이 'Academy'로 시작하는 데이터. */
WHERE title LIKE '%o%' /* 소문자 'o'를 포함한 데이터. */
WHERE title LIKE '%o' /* 소문자 'o'로 끝나는 데이터. */
WHERE length BETWEEN 50 AND 60 /* length값이 50이상 60이하인 데이터. */
```

1.1. SELECT

전체적인 SQL의 구조를 봤으니 이제 구문별로 상세한 내용을 알아보자. SELECT 절에는 조회할 칼럼 명을 쉼표(,)로 구분하여 기재한다. 전체 칼럼을 조회할 때는 별표(*)를 사용한다. 하지만, '*'는 개발 단계에서 데이터를 확인하는 용도로만 사용하고 실제 프로그램에서 사용할 SQL에는 사용하지 않는 것이 좋다. 대·소문자, 줄 바꿈, 띄어쓰기는 결과에 영향을 주지 않지만, 가독성을 위해 적절한 줄 바꿈과 줄 맞춤을 하는 것이 바람직하다. 필자는 각 칼럼을 한 줄에 하나씩 작성하며, 쉼표는 칼럼 앞에 배치하는 것을 선호한다.

```sql
SELECT * FROM employees;

SELECT *
FROM    employees;

SELECT employee_id
     , email
     , phone_number
FROM    employees ;

SELECT employee_id,email,phone_number FROM employees;
```

위 예시처럼 다양한 방식으로 SQL을 작성할 수 있다. SQL이 복잡해지고 길어질수록 가독성을 해치지 않도록 잘 정돈하여 작성하는 습관을 기르는 것이 중요하다. 칼럼을 SELECT 하면 칼럼 이름이 헤더로 나타나는데, 별칭(Alias)을 사용해 이를 변경할 수 있다. 칼럼의 별칭은 '[칼럼 명] AS [별칭]' 형태나 '[칼럼 명] [별칭]' 형태로 작성한다. 칼럼을 가공한 후 별칭을 지정하지 않으면 PostgreSQL에서 "?column?" 같은 무의미한 값이 나오므로, 되도록 별칭을 사용하는 것이 좋다.

```sql
SELECT film_id AS id
     , title 타이틀
     , rental_duration * 1.5
FROM    film ;
```

id	타이틀	?column?
133	Chamber Italian	10.5
384	Grosse Wonderful	7.5

SELECT 절에 DISTINCT 명령어를 사용하면 결과 집합에서 중복 데이터를 제거할 수 있다.

```
SELECT DISTINCT rental_duration
FROM    film ;
```

rental_duration
4
6
7
3
5

위 SQL 예시는 'rental_duration'의 중복 없는 값을 보여준다. 'DISTINCT [칼럼1], [칼럼2]'와 같이 여러 칼럼을 사용하면, 칼럼값의 조합을 중복 없이 보여준다. DISTINCT를 사용하면 SQL 결과 집합의 레벨을 파악하기 어려워지므로, 단순한 SQL이 아닌 경우에는 DISTINCT를 통한 중복 제거보다는 나중에 배울 'GROUP BY'를 사용하는 것이 좋다.

1.2. FROM

FROM 절에는 데이터를 가져올 테이블 이름을 명시한다. 이 테이블 이름은 SELECT 절에서 칼럼을 지정할 때 사용한다. 예를 들어, 'film.film_id'는 film테이블의 film_id칼럼을 의미한다.

```
SELECT film_id AS id
FROM    film ;


SELECT film.film_id AS id
FROM    film ;
```

SELECT 칼럼에 별칭을 사용하는 것과 마찬가지로, FROM 절에도 별칭을 사용할 수 있다. FROM 절에 별칭을 사용하면 아래 예시와 같은 SQL 문을 작성할 수 있다. PostgreSQL에서는 'FROM film AS t1'과 같이 테이블에 별칭을 부여할 때 AS 키워드를 사용할 수 있지만, ORACLE 에서는 에러가 발생하니 주의가 필요하다.

```
SELECT t1.film_id AS id
FROM   film t1;

SELECT t1.film_id AS id
FROM   film AS t1;
--> ORACLE에서는 에러 발생
```

FROM 절에 별칭을 사용하면 SELECT 절의 칼럼 명에 테이블 이름 대신 해당 별칭을 사용해야 한다.

```
SELECT film.film_id AS id
FROM   film AS t1;
--> 에러 발생.
```

1.3. WHERE

FROM 절에는 데이터를 가져올 테이블을 명시하고, SELECT 절에는 해당 테이블에서 가져올 칼럼 명을 적는다. 어떤 데이터를 가져올지 결정하는 조건은 WHERE 절에 기재하며, 이는 FROM 절 바로 아래에 위치해야 한다. WHERE 절에는 칼럼, 상숫값, 산술식, 함수, 다른 SQL 등 다양한 조건을 사용할 수 있다. 상세한 내용은 차차 학습할 예정이니, 아래 SQL 예시를 통해 WHERE 절 의 조건 사용법을 눈에 익혀보자.

조건	예시
=	SELECT * FROM employees WHERE salary = 6000;
!=, <> ^=(PostgreSQL 미지원)	SELECT * FROM employees WHERE salary != 6000;
>, <	SELECT * FROM employees WHERE salary > 6000;
>=, <=	SELECT * FROM employees WHERE salary <= 6000;
IN	SELECT * FROM employees WHERE salary IN (6000, 8300)
LIKE	SELECT * FROM employees WHERE first_name LIKE 'Mich%';
BETWEEN	SELECT * FROM employees WHERE salary BETWEEN 6000 AND 10000;
IS NULL	SELECT * FROM employees WHERE manager_id IS NULL;
AND	SELECT * FROM employees WHERE first_name LIKE 'Mich%' AND job_id = 'HR_REP';
OR	SELECT * FROM employees WHERE first_name LIKE 'Mich%' OR job_id = 'HR_REP';
NOT	SELECT * FROM employees WHERE NOT department_id = '110';

1.4. 조건 연산자

1.4.1. AND 조건과 OR 조건

지금까지의 WHERE 절 예시는 단일 조건을 사용한 경우였다. 여러 조건을 사용할 때는 AND와 OR을 이용해 조건들을 연결한다. 주어진 조건이 맞으면 참(true), 틀리면 거짓(false)인데 AND는 모든 연결된 조건이 참일 때만 데이터를 추출하며, OR은 조건 중 하나만 참이어도 데이터를 추출한다. AND는 데이터 범위를 좁혀가는 역할을 하고, OR은 조건 범위를 넓혀가는 역할을 한다. 아래 예시에서 AND 조건은 first_name과 job_id 조건을 모두 만족하는 데이터를 추출하고, OR 조건은 first_name 조건을 만족하거나 job_id 조건을 만족할 때 데이터를 가져온다.

```
[AND 조건]
SELECT  *
FROM    employees
WHERE   first_name = 'John'
AND     job_id = 'ST_CLERK' ;
```

```
[OR 조건]
SELECT  *
FROM    employees
WHERE   first_name = 'John'
OR      job_id = 'ST_CLERK';
```

AND 조건과 OR 조건을 함께 사용할 때 괄호가 없으면 예상치 못한 결과가 발생할 수 있다. AND 조건과 OR 조건을 함께 사용할 때 괄호를 사용하는 습관을 들이면 오류를 줄이고 가독성을 높일 수 있다. 아래 두 SQL의 결과는 서로 다르다. AND 조건만 있거나 OR 조건만 있는 경우에는 조건절의 순서가 결과에 영향을 미치지 않지만, AND 조건과 OR 조건이 함께 있을 때는 조건절의 순서에 따라 결과가 달라지므로 괄호 사용이 필요하다.

```
[SQL 1]
SELECT  *
FROM    employees
WHERE   first_name = 'John'
AND     job_id = 'ST_CLERK'
OR      job_id = 'SA_MAN';
```

```
[SQL 2]
SELECT  *
FROM    employees
WHERE   first_name = 'John'
OR      job_id = 'SA_MAN'
AND     job_id = 'ST_CLERK';
```

[오라클]

우선 순위	연산자
1	산술 연산자
2	연결 연산자
3	비교 조건
4	IS [NOT] NULL, LIKE, [NOT] IN
5	[NOT] BETWEEN
6	NOT 조건
7	AND 조건
8	OR 조건

[PostgreSQL]

우선순위	연산자
1	. (테이블/칼럼 이름 구분자)
2	::(타입 캐스트)
3	[] 배열 첨자
4	+ -(단항 연산자)
5	Collate(정렬 규칙)
6	AT(타임존 연산자)
7	^(지수)
8	*/%
9	+ -(덧셈, 뺄셈)
10	기타 모든 연산자
11	BETWEEN, IN, LIKE, ILIKE, SIMILAR
12	비교조건
13	IS [NOT] NULL
14	NOT 조건
15	AND 조건
16	OR 조건

연산자 우선순위에 따라 AND 조건이 OR 조건보다 우선하므로, AND 조건에 괄호가 있는 것처럼 동작한다. 이로 인해 위의 두 SQL은 결과가 다르다. 위에서 제시한 두 SQL은 아래 SQL처럼 동작한다. 괄호의 위치가 다른 것에 유의하자.

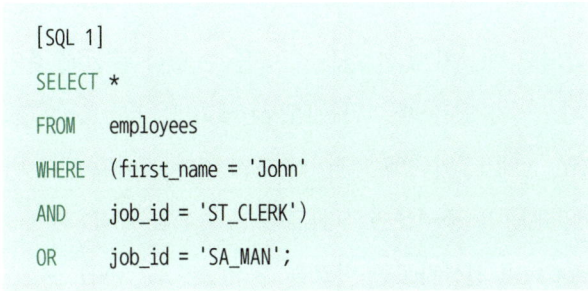

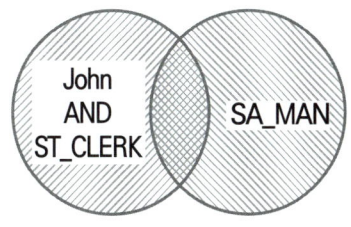

```
[SQL 2]
SELECT *
FROM    employees
WHERE   first_name = 'John'
OR      (job_id = 'SA_MAN'
AND     job_id = 'ST_CLERK') ;
```

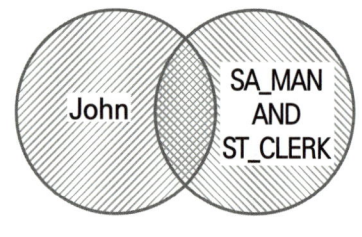

1.4.2. NOT 조건

NOT 연산자는 주어진 조건을 만족하지 않는 데이터를 추출한다. 'IS NULL'의 반대는 'IS NOT NULL'이다. 마찬가지로, IN의 반대는 NOT IN, BETWEEN의 반대는 'NOT BETWEEN'이다. 연산자 앞에 NOT을 붙이면 해당 연산자의 반대 조건이 된다. 그러나 NOT 조건은 특정 상황에서 성능 저하를 일으키거나 소스 코드 이해를 어렵게 할 수 있으므로, 가능하면 아래 예시처럼 NOT 조건을 긍정 조건으로 변경해서 쓰는 것이 좋다.

NOT 조건 사용	NOT 조건 미사용
WHERE NOT salary > 3000 ;	WHERE salary <= 3000 ;
/* 주문상태코드가 주문,배송,완료만 있을 때 */ WHERE 주문상태코드 NOT IN ('주문', '배송') ;	WHERE 주문상태코드 = '완료'
WHERE c1 NOT BETEEEN 10 AND 30 ;	WHERE c1 <10 OR c1 > 30 ;

'NOT IN' 조건에서 값 목록에 NULL이 포함되면 예상치 못한 결과가 나올 수 있다는 점에 주의해야 한다. 예를 들어, c1 칼럼에 데이터 'a', 'b', 'c'가 있을 때, 'WHERE c1 NOT IN ('a', 'b')'의 결과는 'c'이다. 하지만 'WHERE c1 NOT IN ('a', NULL)'의 경우, 데이터 조회 결과는 어떤 행도 반환되지 않는다. 'WHERE c1 NOT IN ('a', NULL)'을 풀어보면 'WHERE c1 <> 'a' AND c1 <> NULL'과 같은데 NULL은 is null 또는 is not null 연산자로만 비교할 수 있으므로 'AND c1 <> NULL' 조건에 의해 조회 결과가 나올 수 없기 때문이다.

1.4.3. = 조건

특정 값과 정확히 일치하는 데이터를 찾을 때 '=' 조건을 사용한다. 아래 SQL 예시는 job_id 칼럼 값이 'SH_CLERK'인 데이터의 모든 칼럼을 조회하는 SQL이다. SQL 자체는 대소문자를 구분하지 않으나, 따옴표(' ') 안에 있는 문자열의 경우 대소문자를 구분한다.

```sql
SELECT *
FROM   employees
WHERE  job_id = 'SH_CLERK';
```

1.4.4. 범위 조건

특정 값과 정확히 일치하지 않더라도, 어떤 범위에 속하거나 특정 값과 비슷한 데이터를 조회하는 것도 가능하다. 다음은 employees 테이블에서 salary가 12,000을 초과하는 데이터, 2,500 이하인 데이터, 2,500이 아닌 데이터를 찾아 first_name, last_name, salary 칼럼의 값을 보여주는 쿼리이다.

```sql
SELECT first_name
     , last_name
     , salary
FROM   employees
WHERE  salary > 12000;

SELECT first_name
     , last_name
     , salary
FROM   employees
WHERE  salary <= 2500;

SELECT first_name
     , last_name
     , salary
FROM   employees
WHERE  salary <> 2500;
```

문자 칼럼에서 특정 문자를 포함한 데이터를 찾을 때는 LIKE 연산자를 사용한다. LIKE는 '[칼럼명] LIKE 문자열' 형식으로 작성한다. 문자열 부분에서 '%' 기호는 문자가 없거나 하나 이상의 문자를 의미한다. 다음 SQL은 employees 테이블에서 Da로 시작하는 데이터를 찾는 쿼리이다. Da 뒤에 '%'가 있기 때문에 Da, David, Daniel 등 Da로 시작하는 모든 문자열이 조건에 해당한다. Da로 끝나는 데이터를 찾고 싶다면 '%Da'로 작성하고, Da를 포함하는 데이터를 찾고 싶다면 '%Da%'로 작성한다.

```sql
SELECT employee_id
     , first_name
     , last_name
     , email
FROM   employees
WHERE  first_name LIKE 'Da%';
```

LIKE 연산자에서 사용하는 언더바('_')는 특수문자가 아니라 정확히 하나의 문자를 대체하는 역할을 한다. 따라서 LIKE 'C_a%'는 대문자 C로 시작하고, 그다음에 어떤 문자 하나가 오고, 그 뒤에 소문자 a가 나오는 패턴의 문자열을 찾는다. 예를 들어 Clare, Charles와 같은 문자열이 이 조건에 해당한다.

```sql
SELECT first_name
FROM   employees
WHERE  first_name LIKE 'C_a%';
```

언더바('_') 특수문자 자체를 LIKE 연산자로 찾으려면 escape 구문을 사용해야 한다. 이렇게 하면 문자열 내에서 '_'가 특수문자로 인식되어 검색이 가능해진다. 아래 [SQL 1]은 c1 칼럼의 두 번째 문자가 A인 데이터를 찾는 쿼리이며, [SQL 2]는 특수문자 언더바('_')로 시작하고 두 번째 문자가 A인 데이터를 찾는 쿼리다. 여기서 escape 문자로 '^'를 사용했기 때문에 지정한 escape 문자 뒤에 있는 '_'는 특수문자 언더바('_')를 의미한다.

```
[SQL 1]
SELECT *
FROM   t1
WHERE  c1 LIKE '_A%';


[SQL 2]
SELECT *
FROM   t1
WHERE  c1 LIKE '^_A%' ESCAPE '^';
```

특정 범위 내의 데이터를 찾을 때는 BETWEEN 조건을 사용한다. WHERE c1 BETWEEN 1 AND 10은 c1 칼럼의 값이 1에서 10 사이인 데이터를 찾으라는 의미이다. 이는 '>=1' 조건과 '<=10' 조건을 합친 것과 같다. 아래 SQL은 salary 값이 10,000 이상이고 11,000 이하인 데이터를 찾는 쿼리이다.

```
SELECT first_name
     , last_name
FROM   employees
WHERE  salary BETWEEN 10000 AND 11000 ;
```

문자값도 범위 조회가 가능하다. 일반적으로 'ABC' 순이나 'ㄱㄴㄷ' 순서로 정렬된다. a는 A보다 작은 값으로 간주된다. A, AB, B를 작은 순서대로 나열하면 A, AB, B가 된다.(오라클과 달리 PostgreSQL은 문자열 정렬 순서가 옵션 설정에 따라 달라진다) 다음 SQL은 A부터 C까지의 데이터를 조회하는 쿼리로, A, AB, B, BC, C와 같은 문자열이 조회될 수 있다.

```
SELECT *
FROM   t2
WHERE  c1 BETWEEN 'A' AND 'C';
```

여러 값을 한 번에 조회할 때는 IN 절을 사용한다. IN 절은 조건에 있는 값 중 하나라도 일치하면 해당 데이터를 추출한다. 보통 여러 값을 리스트로 제공하여 데이터를 추출할 때 사용된다. 아래 SQL 예시는 first_name이 'Nancy'인 데이터와 'John'인 데이터를 조회한다.

```sql
SELECT employee_id
     , first_name
FROM   employees
WHERE  first_name IN ('Nancy', 'John') ;
```

1.4.5. NULL 조건

데이터베이스에서는 문자, 숫자, 날짜 외에도 NULL 데이터가 존재한다. NULL은 아직 정해지지 않은 미지의 값이다. PostgreSQL에서는 길이가 0인 문자열 ' '(이하 empty string)이 있는데, 출력 결과는 유사해 보이지만 데이터의 성격이 다르므로 조회 시 주의가 필요하다. Empty string은 값이 지정되었으나 내용이 비어 있는 것이고, NULL은 아직 정해지지 않은 값이므로 알 수 없는 값이다. NULL은 알 수 없는 값이기 때문에 어떤 값과 사칙연산을 해도 결과는 NULL이고, 비교해도 결과는 NULL이다. NULL 데이터를 조회할 때는 '= NULL'을 사용하지 않는다. NULL인 데이터를 찾을 때는 'IS NULL', NULL이 아닌 데이터를 찾을 때는 'IS NOT NULL'을 사용해야 한다.

```sql
SELECT *
FROM   employees
WHERE  commision_pct = NULL ;
--> null 데이터는 is null, is not null로만  조회한다.
    '= null'로 조회하면 0건 조회되므로 주의하자.


[맞게 수정한 SQL]
SELECT *
FROM   employees
WHERE  commision_pct IS NULL ;
--> commision_pct 값이 null인 데이터 조회
```

```sql
SELECT *
FROM   employees
WHERE  commision_pct <> NULL ;


[맞게 수정한 SQL]
SELECT *
FROM   employees
WHERE  commision_pct IS NOT NULL ;
```

1.5. 인라인뷰

SQL 내에서 다른 SQL을 괄호로 묶어 삽입할 수 있으며, 이를 서브쿼리라고 부른다. 서브쿼리는 SELECT 절, FROM 절, WHERE 절 등에서 사용할 수 있는데 이 중에서 FROM 절에 사용하는 서브쿼리를 인라인뷰라고 한다. 조인 문법을 학습한 후에 다른 종류의 서브쿼리를 다룰 예정이지만, 예시 SQL에서 인라인뷰가 등장할 수 있기 때문에 먼저 이에 대해 알아보자. FROM 절 안에 괄호로 묶어 SQL을 작성하면, 괄호 안의 SQL 결과가 마치 하나의 테이블처럼 동작한다. 실제로 테이블이 생성되는 것은 아니지만, 이렇게 생각하면 결과를 이해하기 쉬워진다. 기본적인 인라인뷰는 다음과 같이 작성한다.

```sql
SELECT *
FROM   (
       SELECT t1.empno
            , t1.ename
       FROM   emp t1
       WHERE  t1.job = 'CLERK'
       ) t10 ;
```

인라인뷰 t10의 결과는 실제 테이블로 만들어지지 않지만, 테이블로 만들어진다고 생각하는 게 SQL 작성과 결과 예측에 도움이 된다. 오라클(ORACLE)에서는 인라인뷰에 별칭(Alias)이 없어도 동작하지만, PostgreSQL에서는 인라인뷰에 반드시 별칭을 붙여야 한다. 인라인뷰 내부에서 칼럼에 별칭을 사용하면, 인라인뷰 외부에서 해당 칼럼을 조회할 때 칼럼 명이 아닌 별칭으로 조회해야 한다.

```sql
SELECT t10.eno
     , t10.enm
FROM   (
       SELECT t1.empno AS eno
            , t1.ename AS enm
       FROM   emp t1
       WHERE  t1.job = 'CLERK'
       ) t10 ;
```

1.6. 정렬 및 그룹화

1.6.1. ORDER BY 절

SQL에서 결과를 정렬하려면 SQL의 마지막 부분에 'ORDER BY' 절을 사용한다. 'ORDER BY' 절에는 테이블의 칼럼, 칼럼의 별칭, 숫자 등을 지정할 수 있다. NULL 값을 정렬하는 방식이나 정렬 순서는 DBMS마다 다를 수 있는데, PostgreSQL은 오라클과 NULL 정렬 순서와 지원하는 기능이 같다.

[T1 테이블]

salary	bonus
10	9
10	10
10	{null}
100	{null}
20	{null}

아래 예시 SQL에서 쓰는 T1 테이블 데이터는 위와 같다. 아래 SQL은 'ORDER BY' 절에 salary, bonus를 지정했으므로, 먼저 salary에 따라 정렬하고, 같은 salary 값 내에서는 bonus에 따라 추가로 정렬한다. NULL 데이터는 다른 값들 이후에 배치된다. 칼럼의 정렬 순서는 기본적으로 오름차순(ASC)이며, 내림차순(DESC)으로도 정렬할 수 있다. 오름차순 정렬 시 정렬 대상 뒤에 ASC를 붙이고, 내림차순 정렬 시 DESC를 붙인다. 정렬 순서를 지정하지 않으면 기본값인 ASC가 적용된다.

```sql
SELECT salary
     , bonus
  FROM t1
 ORDER BY salary
        , bonus ;
```

salary	bonus
10	9
10	10
10	{null}
20	{null}
100	{null}

DESC를 사용하면 내림차순으로 정렬하는데, 이 경우 NULL 값은 맨 처음에 표시된다. salary가 10인 데이터에서 NULL 값이 가장 먼저 나오는 것을 볼 수 있다.

```
SELECT  salary
      , bonus
FROM    t1
ORDER BY salary DESC
       , bonus DESC ;
```

salary	bonus
100	{null}
20	{null}
10	{null}
10	10
10	9

내림차순으로 정렬하면서 NULL 값을 결과의 마지막에 위치시키고 싶을 때는 DESC 뒤에 'NULLS LAST'를 사용한다. 이렇게 하면 내림차순 정렬은 유지되면서 NULL 값은 결과의 맨 끝에 표시된다.

```
SELECT  salary
      , bonus
FROM    t1
ORDER BY salary DESC
       , bonus  DESC NULLS LAST;
```

salary	bonus
100	{null}
20	{null}
10	10
10	9
10	{null}

'NULLS LAST'의 반대는 'NULLS FIRST'이다. 오름차순으로 정렬하되 NULL 값을 가장 먼저 표시하고 싶을 때는 'ORDER BY 칼럼 [ASC] NULLS FIRST'를 사용한다. 이렇게 하면 오름차순 정렬을 유지하면서 NULL 값이 결과의 맨 앞에 위치하게 된다.

```
SELECT  salary
      , bonus
FROM    t1
ORDER BY salary
       , bonus NULLS FIRST ;
```

salary	bonus
10	{null}
10	9
10	10
20	{null}
100	{null}

bonus 칼럼이 있는데 별칭으로 bonus란 칼럼을 만들고 'ORDER BY bonus'라고 쓰면 bonus는 칼럼을 의미할까? 아니면 별칭을 의미할까? 아래 예시를 보자.

```
SELECT  salary
      , 20-bonus AS bonus
      , t1.bonus AS "칼럼bouns값"
FROM    t1
ORDER BY bonus ;
```

'ORDER BY' 절에서 bonus라고 명시할 경우, 실제 칼럼인지 또는 별칭인지 구분이 명확하지 않을 수 있다. SQL에서는 일반적으로 'ORDER BY' 절에서는 별칭을 먼저 참조한다. 위 SQL은 'ORDER BY' 절에 bonus를 썼으니 별칭 bonus 값으로 정렬한다.

salary	bonus	칼럼bonus값
10	10	10
10	11	9
10	{null}	{null}
100	{null}	{null}
20	{null}	{null}

다음 SQL처럼 'ORDER BY' 절에 t1.bonus와 같이 테이블 명을 명시하면, 이는 bonus 칼럼을 뜻한다.

```
SELECT salary
     , 20-bonus AS bonus
     , t1.bonus AS "칼럼bouns값"
FROM   t1
ORDER BY t1.bonus ;
```

salary	bonus	칼럼bonus값
10	11	9
10	10	10
10	{null}	{null}
100	{null}	{null}
20	{null}	{null}

필자는 혼동을 방지하기 위해 아래 SQL처럼 칼럼과 별칭을 다르게 지정하는 것을 선호한다.

```
SELECT salary
     , 20-bonus AS bonus
     , bonus     AS ori_bonus
FROM   t1
ORDER BY ori_bonus ;
```

'ORDER BY' 절에는 다음 SQL처럼 칼럼 명 대신 숫자를 사용할 수 있다. 'ORDER BY' 절에서 숫자를 사용하면 SELECT 절에 쓴 칼럼의 순서를 의미한다. 예를 들어 'ORDER BY 1'을 쓰면 SELECT 절의 첫 번째 칼럼인 salary를 기준으로 정렬하며, 'ORDER BY 2'라면 SELECT 절의 두 번째 칼럼인 bonus를 기준으로 정렬한다. 'ORDER BY' 절에 칼럼 대신 숫자를 사용하면 코딩을 간단하게 할 수 있지만, SELECT 절에 칼럼을 추가하거나 변경할 경우 예상치 못한 정렬 순서의 변경이 발생할 수 있다. 그래서 스크립트를 테스트하는 경우가 아니라면, 가능하면 사용을 자제하는 것이 좋다.

```sql
SELECT salary
     , bonus
FROM   t1
ORDER BY 1 ;
```

1.6.2. GROUP BY 절

'GROUP BY' 절은 특정 값을 기준으로 그룹을 만들어 데이터를 조회할 때 사용한다. 'GROUP BY' 절은 WHERE 절 이후, 'ORDER BY' 절 이전에 작성해야 한다. 'GROUP BY'는 여러 줄의 데이터를 하나의 그룹으로 묶기 때문에, 최종 결과 데이터 세트가 변경되는 것에 유의해야 한다.

deptno	sal
10	1300
10	2450
10	5000
20	3000
20	800
20	1100
20	2975
20	3000

10: 한줄
20: 한줄

위 그림과 같은 데이터를 부서 번호(deptno)별로 묶고자 할 때는 'GROUP BY deptno'를 사용한다.

```
SELECT ...
FROM    emp t1
GROUP BY t1.deptno
```

위 예시처럼 'GROUP BY deptno'를 사용하여 부서 번호(deptno)별로 데이터를 묶을 경우, sal 값이 여러 개 존재하게 된다. 이때 어떤 'sal' 값을 표시할지 명시하지 않으면 에러가 발생한다. 예를 들어, 'SELECT * FROM emp GROUP BY deptno'를 수행하면, deptno별로 묶을 때 sal 값이 여러 가지인데 어떤 값을 표시할지 결정할 수 없어 에러가 나타난다. 'GROUP BY deptno'를 사용할 경우, SELECT 절에 deptno를 제외한 다른 칼럼은 'MIN( )', 'MAX( )'와 같은 집계 함수와 함께 사용해야 한다. 자주 사용하는 집계 함수로는 최솟값(MIN), 최댓값(MAX), 평균값(AVG), 건수(COUNT), 합계(SUM) 등이 있다. 오라클에서는 중간값을 구하는 'MEDIAN( )' 집계 함수를 지원하지만, PostgreSQL에서는 'MEDIAN( )'을 지원하지 않는다.[1]

1.6.2.1. GROUP BY와 공집합

다음 SQL은 'GROUP BY' 절에 쓰지 않은 sal 칼럼에 집계 함수를 쓰지 않아서 에러가 난다.

```
SELECT t1.deptno
     , t1.sal
FROM    emp t1
GROUP BY t1.deptno ;
```

에러가 발생하지 않게 하려면 아래 SQL처럼 'GROUP BY' 절에 쓰지 않은 't1.sal' 칼럼에 집계 함수를 써야 한다.

---

[1] 오라클의 'median(sal)'을 'percentile_cont(.5) within group(order by sal)'로 대체할 수 있다.

```sql
SELECT  t1.deptno
      , MIN(t1.sal) AS min_sal
FROM    emp t1
GROUP BY t1.deptno ;
```

집계 함수는 결과가 공집합(0 row)일 때도 'GROUP BY' 절 없이 집계 함수를 쓰면 값이 null인 행 1개를 반환한다. 이 부분은 종종 실수하는 부분이므로 잘 기억했으면 한다. 화면에서 입력한 사원 번호가 emp 테이블에 데이터로 있는지 없는지 확인하기 위해 다음처럼 SQL을 작성했다고 가정하자.

```sql
SELECT COALESCE(t1.ename, '0') AS empno_cnt
FROM    emp t1
WHERE   t1.empno = 100 ;

(0 rows)
```

위 SQL은 empno 값이 100인 사원이 없으면 문자 '0'을 출력하려고 COALESCE 함수를 사용했으나, 100번 사원이 없을 때 '0'이 출력되지 않는다. 만약 empno 값이 100인 데이터가 없다면 결과는 공집합(0개의 행)이 된다. 따라서 COALESCE 함수를 적용할 대상 행 자체가 존재하지 않아서 아무것도 나오지 않는다.

> 함수 부분에서 소개하겠지만 해당 예시 설명을 위해 COALESCE 함수를 먼저 소개한다. COALESCE 함수는 입력값이 NULL이면 원하는 값으로 변경할 때 사용하는 함수다. 'COALESCE(t1.ename, '0')'라고 쓰면 ename 값이 NULL이면 문자 '0'으로 바꾸라는 의미이다. 더 자세한 사항은 함수 부분에서 다룰 예정이니 참고하기 바란다.

원하는 결과를 얻기 위해서는 집계 함수를 사용해야 한다. 집계 함수를 사용하면 결과가 공집합일지라도 값이 NULL인 1행의 결과를 반환하므로 COALESCE 함수를 적용할 수 있다.

아래 SQL은 'GROUP BY' 절 없이 집계 함수인 MIN을 사용했으므로 결과가 공집합이 아니라 NULL 값을 가진 1행의 결과가 나온다. 이 결과에 COALESCE 함수를 적용하면, 원하는 문자 '0'이 결과로 나타난다. 이 방법을 통해 데이터가 없는 경우에도 원하는 기본값을 결과로 표시할 수 있다.

```
SELECT COALESCE(MIN(t1.ename),'0') AS empno_cnt
FROM    emp t1
WHERE   t1.empno = 100 ;
```

empno_cnt
0

'GROUP BY' 절을 위 SQL에 추가하면 결과가 다시 공집합이 되어 원하는 값을 얻을 수 없다. 이는 종종 하는 실수 중 하나이니 주의가 필요하다.

```
SELECT COALESCE(MIN(t1.ename), '0') AS empno_cnt
FROM    emp t1
WHERE   t1.empno = 100
GROUP BY t1.empno ;

(0 rows)
```

1.6.2.2. GROUP BY와 NULL

'아직 정하지 않은 값에 10을 더하면 얼마일까?'라는 질문에 대한 답은 '모른다'이다. 그래서 NULL과 어떤 값을 연산한 결과도 NULL이다. 그러나 MIN, MAX, SUM, AVG와 같은 집계 함수들은 NULL 값을 제외하고 연산한다. COUNT 집계 함수는 항상 NULL 값을 제외하는 것이 아니라 '*'를 사용할 경우 NULL 값을 포함하여 계산한다. COUNT 집계 함수에서 NULL 값을 제외하려면 '*'가 아닌 특정 칼럼을 명시해야 한다.

[EMP 테이블]

ename	deptno	sal	comm
MILLER	10	1300	{null}
CLARK	10	2450	{null}
MARTIN	30	1250	1400
BLAKE	30	2850	{null}

다음 SQL 결과를 통해, sal이나 comm 중 하나라도 값이 NULL일 경우 'sal + comm'의 연산 결과가 NULL임을 알 수 있다.

```sql
SELECT ename
     , sal
     , comm
     , sal+comm AS sal_comm
FROM   emp ;
```

ename	sal	comm	sal_comm
MILLER	1300	{null}	{null}
CLARK	2450	{null}	{null}
MARTIN	1250	1400	2650
BLAKE	2850	{null}	{null}

이제 집계 함수가 NULL을 어떻게 처리하는지 알아보자. 집계 함수마다 NULL 값을 처리하는 방식이 다를 수 있다. 아래 결과에서 sum_comm 값은 deptno 별로 comm 값의 합계를 나타낸다. deptno가 10인 데이터의 경우 comm 값이 모두 NULL이므로 결과도 NULL이 나타나지만, deptno가 30인 데이터에서는 NULL 값을 제외하고 합계를 계산하여 결과가 1,400이 된다. 단순히 comm을 더하는 연산을 했다면 deptno가 30인 데이터의 결과도 NULL이겠지만, 'SUM' 집계 함수는 계산 시 NULL을 제외하기 때문에 결과가 1,400으로 나타난다.

COUNT 집계 함수는 괄호 안에 '*'를 사용하면 NULL 값을 포함한 전체 행의 수를 계산하고, 특정 칼럼을 지정하면 NULL을 제외한 행의 수를 계산한다. COUNT 함수는 공집합(데이터가 한 건도 없는 경우)의 결과를 0으로 표시하는 것도 중요한 특징이다.

```
SELECT deptno
     , SUM(comm)    sum_comm
     , COUNT(*)     cnt_all
     , COUNT(comm)  cnt_comm
  FROM  emp
 GROUP BY deptno ;
```

deptno	sum_comm	cnt_all	cnt_comm
10	{null}	2	0
30	1400	2	1

다음으로 'AVG' 집계 함수를 통해 평균값을 계산하는 방법에 대해 알아보자.

c1
15
{null}
0
15

위 데이터를 기반으로 한 c1 칼럼의 평균값('AVG(c1)')은 10이다. 이것은 null을 제외한 3건을 대상으로 평균을 구했기 때문이며 'SUM(c1)/COUNT(c1)'과 결과가 동일하다. 만약 'AVG(COALESCE(c1, 0))'로 SQL을 작성하면, c1 값이 NULL인 데이터가 0으로 처리되어 전체 건수에 포함되므로 평균값이 달라진다. NULL을 건수에 포함할지 여부는 업무 요건에 따라 적절하게 정해야 한다. NULL을 건수에 포함하는 SQL을 풀어서 쓰면 'SUM(c1)/COUNT(*)' 형태로 표현될 수 있다.

1.6.2.3. HAVING 절

일반 칼럼값의 필터링은 WHERE 절에 쓰지만, 집계 함수의 결과를 필터링할 땐 HAVING 절을 사용한다. deptno(부서)별 평균 급여(sal)가 2,000 이상인 부서의 정보를 보는 SQL을 만들어 보자. 데이터가 emp 테이블에 있으므로 'FROM emp'를, 부서별로 집계해야 하므로 'GROUP BY deptno'를 사용한다. 그리고 부서별 평균 급여를 계산하기 위해 'SELECT deptno, AVG(sal)' 구문을 작성한다. 이를 SQL로 조합하면 아래와 같다.

```sql
SELECT t1.deptno
     , AVG(t1.sal) AS avg_sal
FROM   emp t1
GROUP BY t1.deptno ;
```

집계 함수의 결과인 평균 급여가 2,000 이상인 데이터를 필터링해야 하므로 HAVING 절을 사용한다. 다음 SQL은 평균 급여가 2,000 이상인 데이터만 남기는 조건을 추가한 것이다.

```sql
SELECT t1.deptno
     , AVG(t1.sal) AS avg_sal
FROM   emp t1
GROUP BY t1.deptno
HAVING AVG(t1.sal) >= 2000 ;
```

평균 급여가 2,000 이상인 데이터만 필터링하기 위해, HAVING 절을 사용하는 대신 인라인 뷰(서브쿼리)를 활용할 수도 있다. SQL이 조금 길어질 수 있지만, 상황에 따라 더 효과적일 수 있으니, 필요에 따라 선택해서 사용하면 된다.

```
SELECT t10.deptno
     , t10.avg_sal
  FROM (
        SELECT t1.deptno
             , AVG(t1.sal) AS avg_sal
          FROM emp t1
         GROUP BY t1.deptno
       ) t10
 WHERE t10.avg_sal >= 2000 ;
```

1.7. 집합 연산

조인(Join)은 두 데이터 집합을 옆으로 연결하여 데이터를 결합하는 반면, 집합 연산은 두 데이터 집합을 상하로 연결한다. 상하 연결을 위해서는 두 테이블의 칼럼 개수가 동일해야 하며, 상하로 대응되는 각 칼럼의 데이터 타입도 일치해야 한다. 아래는 집합 연산 설명에서 사용할 T1 테이블과 T2 테이블의 구조와 데이터다.

[T1 테이블]

C1(COLUMN)
1
2
2
3
3

[T2 테이블]

C1(COLUMN)
1
2
2

1.7.1. 합집합

합집합은 UNION을 사용하여 구할 수 있다. 이때, 중복되는 원소를 제거하고 합집합을 생성한다. 반면, 중복된 원소를 모두 포함하고 싶다면 UNION ALL을 사용한다. UNION과 'UNION ALL'은 ORACLE과 PostgreSQL에서 사용법이 동일하다. 이러한 집합 연산을 통해 서로 다른 테이블의 데이터를 하나의 결과로 통합할 수 있다.

```
SELECT c1
FROM   t1
UNION
SELECT c1
FROM   t2
```

PostgreSQL, ORACLE
1
2
3

```
SELECT c1
FROM   t1
UNION ALL
SELECT c1
FROM   t2
```

PostgreSQL, ORACLE
1
2
2
3
3
1
2
2

1.7.2. 교집합

두 집합에 공통으로 존재하는 데이터를 구할 때는 ORACLE과 PostgreSQL 모두 INTERSECT를 사용한다. UNION처럼 INTERSECT도 교집합에서 중복된 데이터를 제거한다. 만약 교집합의 중복 데이터를 포함하고자 한다면 'INTERSECT ALL'을 사용하면 된다. 하지만 ORACLE에서는 'INTERSECT ALL' 기능이 21c 버전부터 지원되기 때문에 이전 버전에서는 사용할 수 없다.

```
SELECT  c1
FROM    t1
INTERSECT
SELECT  c1
FROM    t2
```

PostgreSQL, ORACLE
1
2

```
SELECT  c1
FROM    t1
INTERSECT ALL
SELECT  c1
FROM    t2
```

PostgreSQL, ORACLE
1
2
2

1.7.3. 차집합

합집합과 교집합에 사용하는 키워드와 달리, 차집합을 구하는 키워드는 ORACLE과 PostgreSQL이 서로 다르다. ORACLE에서는 MINUS를 사용하여 차집합을 구하며, PostgreSQL에서는 EXCEPT를 사용한다. 차집합 연산에서 중복된 데이터를 포함하고 싶다면, 키워드 뒤에 ALL을 붙이면 된다. 하지만 ORACLE에서 'MINUS ALL' 구문은 21c 버전부터 지원되므로, 이전 버전에서는 사용할 수 없다.

[ORACLE]

```
SELECT  c1
FROM    t1
MINUS
SELECT  c1
FROM    t2
```

PostgreSQL, ORACLE
3

[PostgreSQL]

```
SELECT  c1
FROM    t1
EXCEPT
SELECT  c1
FROM    t2
```

[ORACLE]

```
SELECT  c1
FROM    t1
MINUS ALL
SELECT  c1
FROM    t2
```

PostgreSQL, ORACLE
3
3

[PostgreSQL]

```
SELECT  c1
FROM    t1
EXCEPT ALL
SELECT  c1
FROM    t2
```

CHAPTER 2. 스칼라 함수

2.1. 숫자 함수

2.2. 문자 함수

2.3. 날짜 함수

2.4 변환 함수

2.5 ARRAY 관련 함수와 조회 방법

CHAPTER 2. 스칼라 함수

동전을 넣으면 커피를 주는 커피 자판기처럼, 값을 입력하면 계산해서 값을 돌려주는 기능을 함수라고 부른다. 사용자가 직접 함수를 만들 수도 있지만, 자주 사용되는 함수들은 DBMS 내부에 이미 내장되어 있다. 이 중에서 0개 이상의 입력값을 받아 하나의 값을 반환하는 함수를 '스칼라 함수'라고 한다. 스칼라 함수는 문자, 숫자, 날짜 값 등에 적용되며, SQL 작성에 매우 중요한 역할을 한다. 본 장에서는 가장 널리 사용되는 RDBMS인 ORACLE과 PostgreSQL의 함수를 비교하며 PostgreSQL의 함수 사용법을 설명할 예정이다. ORACLE에서 PostgreSQL로 전환할 때 조금이라도 도움이 되기를 바란다. ORACLE과 PostgreSQL의 함수 이름이 같은 경우에도 입력값이나 결괏값이 다를 수 있으니 주의해야 한다.

2.1. 숫자 함수

숫자 값을 입력으로 받는 함수들을 '숫자 함수'라고한다. 이 중 일부 숫자 함수는 숫자로 변환할 수 있는 문자 값을 입력받았을 때 에러를 발생시키지 않는다. 이는 함수 내부에서 문자 값을 숫자 값으로 자동 변환하기 때문이다. 하지만, 가능한 한 숫자 함수를 사용할 때는 자동 변환 기능에 의존하지 말고 직접 숫자 값을 입력하는 것이 좋다. 이는 데이터의 정확성을 보장하고, 예기치 않은 오류를 방지하는 데 도움이 된다.

2.1.1. ABS

입력값의 절댓값을 반환하는 기능은 매우 유용하다. PostgreSQL과 ORACLE에서 이를 위해 ABS 함수를 사용할 수 있다. 이외에도 PostgreSQL은 입력값의 절댓값을 구하기 위해 '@' 연산자를 사용하는 방법도 제공한다. 예를 들어, '@(-5)'와 같이 사용하면 5라는 절댓값을 얻을 수 있다.

PostgreSQL	ORACLE	결과	비고
SELECT ABS(-0.1)	SELECT ABS(-0.1) FROM dual	0.1	
SELECT ABS('-0.1')	SELECT ABS('-0.1') FROM dual	0.1	숫자 변환이 가능한 문자면 자동 변환
SELECT @(-0.1)	지원 안함	0.1	
SELECT @('-0.1')	지원 안함	0.1	숫자 변환이 가능한 문자면 자동 변환

2.1.2. SQRT

PostgreSQL과 ORACLE에서 입력값의 제곱근을 계산하기 위해 SQRT 함수를 사용한다. 예를 들어, 'SQRT(9)'의 결과는 3이다.

PostgreSQL	ORACLE	결과
SELECT SQRT(9)	SELECT SQRT(9) FROM dual	3

2.1.3. CBRT

PostgreSQL에서는 입력값의 세제곱근을 구하기 위해 CBRT 함수를 사용한다. 예를 들어, 'CBRT(8)'을 사용하면 2라는 결과를 얻을 수 있다. 참고로 ORACLE은 세제곱근을 반환하는 함수를 지원하지 않는다.

PostgreSQL	ORACLE	결과
SELECT CBRT(8)	지원안함	2

2.1.4. POWER

PostgreSQL과 ORACLE에서 POWER 함수는 입력값의 거듭제곱을 계산하여 반환한다. 이 함수는 두 개의 인자를 받으며, 첫 번째 인자는 밑(base)을, 두 번째 인자는 지수(exponent)를 의미한다. 예를 들어, 'POWER(2, 3)'의 결과는 $8(2^3)$이 된다.

PostgreSQL	ORACLE	결과
SELECT POWER(2,2)	SELECT POWER(2,2) FROM dual	4
SELECT POWER(2,3)	SELECT POWER(2,3) FROM dual	8

2.1.5. CEIL

실수를 정수로 변환할 때 CEIL과 FLOOR 함수를 사용하기도 한다. 이 함수들은 실수를 가장 가까운 정수로 올림 하거나 내림한다. 예를 들어, 1.3은 1과 2 사이의 실수이므로, CEIL 함수를 적용하면 2를 반환하고, FLOOR 함수를 사용하면 1을 반환한다. PostgreSQL에서는 CEIL 함수와 동일한 기능을 하는 CEILING 함수도 지원한다.

PostgreSQL	ORACLE	결과
SELECT CEIL(1.3)	SELECT CEIL(1.3) FROM dual	2
SELECT CEIL(-0.6)	SELECT CEIL(-0.6) FROM dual	0
SELECT CEILING(1.3)	지원 안함	2
SELECT CEILING(-0.6)	지원 안함	0

2.1.6. FLOOR

PostgreSQL	ORACLE	결과
SELECT FLOOR(1.6)	SELECT FLOOR(1.6) FROM dual	1
SELECT FLOOR(-0.6)	SELECT FLOOR(-0.6) FROM dual	-1

2.1.7. DIV

DIV 함수는 첫 번째 인자값을 두 번째 인자값으로 나눈 정수 몫을 돌려준다. 나눗셈 기호인 '/'를 사용하면 입력값의 데이터 타입에 따라 소수부를 포함하거나 제외할 수 있다. 하지만 DIV 함수를 사용하면 항상 소수부를 제외한 정수만 돌려준다(integer division). '10/3'의 결과가 ORACLE과 PorstgreSQL이 다른 것에 유의해야 한다.

PostgreSQL	ORACLE	결과
SELECT 10/3	SELECT TRUNC(10/3) FROM dual	3
	SELECT 10/3 FROM dual	3.333…(소수점 이하 38자리)
SELECT DIV(10,3)	지원안함	3

PostgreSQL과 ORACLE의 나눗셈 결과 차이

PostgreSQL

PostgreSQL에서 나눗셈 연산에 참여하는 값이 모두 INTEGER 타입일 경우, 연산 결과는 소수부를 버리고 정수부만 남긴다(정수 나눗셈). 이는 SMALLINT, BIGINT, SERIAL, SMALLSERIAL, BIGSERIAL 타입에도 해당한다. 반면, 나눗셈에 참여하는 값 중 하나라도 NUMERIC 타입이면 결과에 소수부가 포함된다.

ORACLE의 나눗셈 결과와 동일하게 만들기 위해서는 나눗셈에 참여하는 두 수 중 적어도 하나를 NUMERIC으로 타입을 변경해야 한다. 특히, **ORACLE을 사용하다가 PostgreSQL로 옮겼을 때 '10/3'의 결과가 3.333…이 아니라 3인 점에 주의가 필요하다.** PostgreSQL에서 데이터 타입을 변경하는 데에는 CAST 함수를 사용하거나 '::' 연산자를 활용할 수 있다.

PostgreSQL	결과
SELECT 10/3	3
SELECT CAST(10/3 AS numeric)	3
SELECT CAST(10/3 AS numeric(17,16))	3.0000000000000000
SELECT (10/3)::numeric(17,16)	3.0000000000000000

위 표에서 보듯이 PostgreSQL에서 '10/3'의 연산은 두 수 모두 INTEGER 타입이기 때문에, 결괏값에서 소수부가 제거되어 결과는 3이 된다. 이 연산의 결과를 NUMERIC 타입으로 변경한다 해도, '10/3'의 연산 과정에서 이미 소수부가 제거된 상태이므로, 결과는 여전히 3이 될 것이다. 즉,

'10/3'의 결과를 NUMERIC으로 타입을 변경하더라도 3.333…이 아닌 3이 나온다. 만약 '10/3'의 결과를 정밀도를 지정한 'numeric(17,16)'으로 변경한다면, 이미 소수부가 없는 결과 3을 변경하는 것이므로 결과는 3.000…과 같이 나타날 것이다.

ORACLE처럼 나눗셈 결과에 소수부를 남기기 위해서는 아래 예시처럼 나눗셈에 참여하는 두 수 중 하나라도 NUMERIC 타입으로 변경해야 한다.

PostgreSQL	결과
SELECT (10.0/3)	3.3333333333333333
SELECT 10/3.0	3.3333333333333333
SELECT 10::numeric/3	3.3333333333333333
SELECT 10/3::numeric	3.3333333333333333
SELECT 10/CAST(3 AS numeric)	3.3333333333333333

ORACLE

ORACLE에서의 숫자 계산은 모든 숫자 데이터 타입에 대해 NUMBER 타입으로 처리된다. 이는 NUMBER 타입이 ORACLE에서 숫자 데이터 타입의 슈퍼 타입이기 때문이다. INTEGER, INT, SMALLINT 등은 모두 NUMBER의 서브 타입으로 간주한다. NUMERIC, DECIMAL 타입은 기본적으로 NUMBER 타입과 동일하며, 기본적으로 precision이 38이고 scale이 0으로 설정된다는 제약 조건이 있다. 사용자는 필요에 따라 이러한 제약 조건을 변경할 수 있다. 예를 들어, NUMERIC은 기본적으로 'NUMBER(38,0)'과 같으며, 'NUMERIC(29,3)'은 'NUMBER(29,3)'과 동일하게 작동한다.

ORACLE	결과
SELECT 10/3 FROM dual	3.333…(소수점 이하 38자리)
SELECT CAST(10/3 AS numeric(17,16)) FROM dual	3.333…(소수점 이하 16자리)
SELECT CAST(10/3 AS numeric) FROM dual	3

2.1.8. MOD

나머지 값을 계산하는 MOD 함수는 첫 번째 인자를 두 번째 인자로 나눈 후의 나머지 값을 반환한다. PostgreSQL에서는 ORACLE과 마찬가지로 MOD 함수를 사용할 수 있지만, 추가로 '%' 연산자를 사용하는 것도 가능하다. 예를 들어, 'MOD(10, 3)'과 '10%3'은 모두 1이라는 결과를 반환한다.

PostgreSQL	ORACLE	결과
SELECT MOD(10,3)	SELECT MOD(10,3) FROM dual	1
SELECT 10%3	지원안함	1

2.1.9. ROUND

ROUND 함수는 주어진 값을 반올림하여 반환하는 함수이다. 이 함수는 첫 번째 인자로 반올림할 대상 값을 받으며, 두 번째 인자로는 남길 소수점 자리수를 지정한다. 예를 들어, 두 번째 인자값이 3인 경우, 소수점 세 번째 자리까지 유지하고 네 번째 자리에서 반올림을 수행한다. 만약 두 번째 인자가 없다면, 기본적으로 소수점 첫 번째 자리에서 반올림을 수행한다. 따라서 'ROUND(3.14159)'의 결과는 3이고, 'ROUND(3.14159, 3)'의 결과는 3.142가 된다.

PostgreSQL	ORACLE	결과
SELECT ROUND(1.2)	SELECT ROUND(1.2) FROM dual	1
SELECT ROUND(1.5)	SELECT ROUND(1.5) FROM dual	2
SELECT ROUND(1.2256,3)	SELECT ROUND(1.2256,3) FROM dual	1.226
SELECT ROUND(144.45,-1)	SELECT ROUND(144.45,-1) FROM dual	140
SELECT ROUND(145.45,-1)	SELECT ROUND(145.45,-1) FROM dual	150

2.1.10. TRUNC

TRUNC 함수는 주어진 값을 소수점 아래에서 버림 처리하여 반환하는 함수이다. 이 함수는 첫 번째 인자로 버림 처리할 대상 값을 받으며, 두 번째 인자로는 버림 처리할 소수점 자릿수를 지정한다. 두 번째 인자가 없는 'TRUNC(3.14159)'의 결과는 3이 되며, 소수점 아래 모든 자릿수가 버려진다. 두 번째 인자값이 2인 'TRUNC(3.14159, 2)'의 결과는 3.14다.

PostgreSQL	ORACLE	결과
SELECT TRUNC(1.2)	SELECT TRUNC(1.2) FROM dual	1
SELECT TRUNC(1.5)	SELECT TRUNC(1.5) FROM dual	1
SELECT TRUNC(1.2256,3)	SELECT TRUNC(1.2256,3) FROM dual	1.225
SELECT TRUNC(144.45,-1)	SELECT TRUNC(144.45,-1) FROM dual	140

2.1.11. SIGN

SIGN 함수는 주어진 인자의 부호에 따라 결괏값을 반환하는 함수이다. 이 함수는 인자값이 양수일 경우 1을, 음수일 경우 -1을, 그리고 0일 경우 0을 반환한다. 예를 들어, 'SIGN(10)'의 결과는 1이 되며, 'SIGN(-5)'의 결과는 -1, 'SIGN(0)'의 결과는 0이다.

PostgreSQL	ORACLE	결과
SELECT SIGN(100)	SELECT SIGN(100) FROM dual	1
SELECT SIGN(0)	SELECT SIGN(0) FROM dual	0
SELECT SIGN(-100)	SELECT SIGN(-100) FROM dual	-1

2.1.12. 무작위수(RANDOM)

무작위 숫자, 즉 난수를 생성할 때 PostgreSQL에서는 'RANDOM( )' 함수를 사용한다. 이 함수는 0.0 이상 1.0 미만의 난수를 반환한다. 반면 ORACLE에서는 'DBMS_RANDOM.VALUE' 함수를 사용하여 난수를 생성한다. 인자값을 주지 않으면 'DBMS_RANDOM.VALUE' 또는 'DBMS_RANDOM.VALUE( )' 모두 사용 가능하며, PostgreSQL의 'RANDOM( )'과 마찬가지로 0.0 이상 1.0 미만의 난수를 반환한다. ORACLE의 특징적인 점은, 최댓값과 최솟값을 인자로 주어 특정 범위 내의 난수를 생성할 수 있다는 것이다. 두 개의 인자값을 제공하면, 제공된 최솟값 이상 최댓값 미만의 난수를 반환한다.

PostgreSQL	ORACLE	결과
SELECT RANDOM()	SELECT dbms_random.value FROM dual	0이상 1미만의 난수 값
	SELECT dbms_random.value() FROM dual	0이상 1미만의 난수 값
SELECT TRUNC(RANDOM()*10+1)	SELECT TRUNC(dbms_random.value(0,10)+1)	1이상 10이하의 정수 값
	SELECT TRUNC(dbms_random.value(1,11))	

PostgreSQL에서 'RANDOM( )' 함수 결과를, ROUND를 써서 반올림하려면 타입 변환 후 해야 에러가 안 난다.

PostgreSQL	결과
SELECT ROUND(RANDOM(),2)	에러 발생
SELECT ROUND(CAST(RANDOM() AS numeric),2)	정상 동작

2.2. 문자 함수

문자열을 가공하는 과정에서 자르기, 붙이기, 길이 측정 등 다양한 함수들이 사용된다. ORACLE 과 PostgreSQL을 사용할 때 문자열 처리에 있어 주의해야 할 차이점 중 하나는 Empty string 의 처리 방식이다. Empty string은 길이가 0인 문자열로, NULL과는 다른 개념이다. ORACLE 에서는 Empty string을 입력할 수 없으며, ' ' (빈 문자열)을 입력하면 이를 NULL로 치환한다. 반면, PostgreSQL에서는 ' ' (빈 문자열)과 NULL을 명확하게 구분하여 입력할 수 있다. 따라서, ORACLE을 사용하다가 PostgreSQL로 전환할 때 이러한 차이점에 유의해야 하며, 문자열 관련 함수를 사용할 때 이 부분에서 발생할 수 있는 차이를 고려해야 한다.

2.2.1. UPPER

UPPER 함수는 입력된 알파벳 문자열을 모두 대문자로 변환하여 반환하는 함수이다. 이 함수는 알파벳 문자에만 영향을 미치며, 대문자가 없는 한글이나 기타 문자들에 대해서는 원래의 문자 그 대로를 반환한다.

PostgreSQL	결과	ORACLE	결과
SELECT UPPER('abc')	ABC	SELECT UPPER('abc') FROM dual	ABC
SELECT UPPER('')	empty string	SELECT UPPER('') FROM dual	{null}
SELECT UPPER(null)	{null}	SELECT UPPER(null) FROM dual	{null}

2.2.2. LOWER

LOWER 함수는 입력된 문자열을 모두 소문자로 변환하여 반환한다. 알파벳 문자에만 영향을 미 치며, 대문자가 없는 한글이나 기타 문자들은 변환되지 않고 원래의 형태로 유지된다.

PostgreSQL	결과	ORACLE	결과
SELECT LOWER('ABC')	abc	SELECT LOWER('ABC') FROM dual	abc
SELECT LOWER('')	empty string	SELECT LOWER('') FROM dual	{null}
SELECT LOWER(null)	{null}	SELECT LOWER(null) FROM dual	{null}

2.2.3. INITCAP

INITCAP 함수는 입력된 문자열에서 각 단어의 첫 번째 문자를 대문자로, 나머지 문자를 소문자로 변환하여 반환한다. 이 함수는 공백으로 구분된 각 단어의 첫 글자를 대문자화하는 작업을 수행한다.

PostgreSQL	결과	ORACLE	결과
SELECT INITCAP('aBc def')	Abc Def	SELECT INITCAP('aBc def') FROM dual	Abc Def

2.2.4. CONCAT

CONCAT 함수는 입력된 인자값들을 연결하여 하나의 문자열로 반환한다. 이 함수는 입력된 값 중 NULL을 제외하고 나머지 값을 순서대로 연결한다.

PostgreSQL	ORACLE	결과	비고
SELECT CONCAT('A','B')	SELECT CONCAT('A','B') FROM dual	AB	
SELECT CONCAT('A',1)	SELECT CONCAT('A',1) FROM dual	A1	숫자도 문자로 변환해서 연결
SELECT CONCAT('A',null)	SELECT CONCAT('A',null) FROM dual	A	null은 제외하고 연결

PostgreSQL에서 CONCAT 함수는 여러 개의 문자열 인자를 받아 연결할 수 있지만, ORACLE에서는 CONCAT 함수에 인자값을 두 개만 입력할 수 있다. 따라서 ORACLE에서 여러 문자열을 연결하고자 할 때는 CONCAT 함수를 중첩하여 사용해야 한다. 예를 들어, PostgreSQL에서는 'CONCAT('Hello', ' ', 'World!', 'Have a nice day!')'로 여러 문자열을 한 번에 연결할 수 있지만,

ORACLE에서는 'CONCAT(CONCAT(CONCAT('Hello', ' '), 'World!'), 'Have a nice day!')'와 같이 CONCAT 함수를 여러 번 중첩하여 사용해야 한다.

PostgreSQL	ORACLE	결과
SELECT CONCAT('A','B','C')	SELECT CONCAT(CONCAT('A','B'),'C') FROM dual	ABC
SELECT CONCAT('A',null,'B')	SELECT CONCAT(CONCAT('A',null),'B') FROM dual	AB

2.2.5. ||

'||' 연산자는 PostgreSQL과 ORACLE에서 문자열을 연결하는 데 사용된다. 그러나 두 데이터베이스 간 결과에 차이가 있을 수 있으므로 주의를 요한다. 가능하면 PostgreSQL에서는 '||' 대신 CONCAT 함수 쓰는 것을 개인적으로 추천한다. PostgreSQL에서는 '||' 연산자로 문자열을 연결할 때 중간에 NULL 값이 하나라도 포함되어 있으면 결괏값으로 NULL을 반환한다. 반면 ORACLE에서는 NULL을 무시하고 나머지 문자열들을 연결하여 반환한다. 따라서 ORACLE을 PostgreSQL로 전환할 때 이 차이로 인해 데이터가 다르게 나올 수 있으므로 주의가 필요하다. 문자열과 1보다 작은 소수점이 있는 숫자를 연결할 때 PostgreSQL과 ORACLE의 결과에도 차이가 있다. PostgreSQL에서는 '0.89::VARCHAR'의 결과가 '0.89'가 되지만, ORACLE에서 'TO_CHAR(0.89)'의 결과는 '.89'이다. ORACLE과 유사한 결과를 PostgreSQL에서 얻고자 한다면 TO_CHAR 함수를 사용하여 형변환 포맷을 명시적으로 지정해야 한다.

PostgreSQL	결과	ORACLE	결과
SELECT 'A' || null || 'B'	null	SELECT 'A'||null||'B' FROM dual	AB
SELECT 'A' || 'B' || null	null	SELECT 'A'||'B'||null FROM dual	AB
SELECT 'R5' || 'X' ||0.890	R5X0.890	SELECT 'R5'||'X'||0.890 FROM dual	R5X.890
SELECT 'R5'||'X'||TO_CHAR(0.890,'fm9999.999')	R5X.89		

2.2.6. CONCAT_WS(오라클 미지원)

CONCAT_WS 함수는 첫 번째 인자값을 구분자로 사용하여 두 번째 인자값 이후의 문자열들을 연결하는 PostgreSQL의 함수이다. 이 함수는 NULL 값은 제외하고 연결하며, 연결되는 값들의 중복 제거나 순서 변경은 지원하지 않는다. ORACLE은 이와 같은 기능의 함수를 지원하지 않는다.

PostgreSQL	결과
SELECT CONCAT_WS(',','A',null,0.89,'B','B')	A,0.89,B,B
SELECT CONCAT_WS('/','A',null,TO_CHAR(0.890,'fm9999.999'),'B','B')	A/.89/B/B

2.2.7. SUBSTRING(오라클 미지원), SUBSTR

문자열을 특정 부분만 잘라내는 데 사용하는 SUBSTRING과 SUBSTR 함수는 각각 다음과 같이 작동한다.

SUBSTRING : SUBSTRING 함수는 '문자열 FROM 시작 위치 FOR 자를 문자 개수' 형식으로 사용된다. FROM이나 FOR 중 하나만 있어도 동작한다. FROM을 생략하면 문자열의 시작부터, FOR를 생략하면 지정된 FROM 위치부터 문자열의 끝까지를 의미한다. FOR 값이 0이면 결과로 Empty string을 반환한다. FROM에는 음수 값을 사용할 수 있지만, FOR에는 음수 값을 사용할 수 없다.

SUBSTR : SUBSTR 함수는 '문자열, 시작 위치, 자를 문자 개수' 형식으로 사용된다. 시작 위치는 생략할 수 없으며, 자를 문자 개수는 생략할 수 있다. 자를 문자 개수를 생략하면 시작 위치부터 문자열의 끝까지를 의미한다. SUBSTRING 함수의 FOR와 마찬가지로, SUBSTR 함수에서 두 번째 인자값인 자를 문자 개수 부분에 음수를 사용 할 수 없다. 두 번째 인자값이 0일 경우, 결과로 Empty string을 반환한다.

PostgreSQL(SUBSTRING)	PostgreSQL(SUBSTR)	결과	비고
SELECT SUBSTRING('12345' FROM 2 FOR 2)	SELECT SUBSTR('12345',2,2)	23	두번째부터 두 자
SELECT SUBSTRING('12345' FROM 2 FOR -2)	SELECT SUBSTR('12345',2,-2)	error	FOR에 '-' 사용 불가능, SUBSTR 두번째 인자값에 '-' 사용 불가능
SELECT SUBSTRING('12345' FROM 2)	SELECT SUBSTR('12345',2)	2345	FOR 생략시 전체 문자로 간주함.
SELECT SUBSTRING('12345' FOR 2)	SELECT SUBSTR('12345',1,2)	12	FROM 생략시 1로 간주함.
SELECT SUBSTRING('12345' FOR 0)	SELECT SUBSTR('12345',1,0)	empty string	FROM과 무관하게 FOR가 0이면 empty string을 돌려줌. SUBSTR 두번째 인자값이 0이면 empty string을 돌려줌.

ORACLE 데이터베이스에서는 SUBSTRING 함수를 지원하지 않으며, 대신 SUBSTR 함수를 사용하여 문자열의 특정 부분을 추출한다. ORACLE의 특징 중 하나는 Empty string이 존재하지 않는다는 점이다. 따라서 ORACLE에서 SUBSTR 함수의 두 번째 인자값으로 0을 지정하면 결괏값으로 NULL을 반환한다.

ORACLE	결과	비고
SELECT SUBSTR('12345',2,2) FROM dual	23	두번째부터 두 자
SELECT SUBSTR('12345',2) FROM dual	2345	두번째부터 끝까지
SELECT SUBSTR('12345',1,2) FROM dual	12	첫번째부터 두 자
SELECT SUBSTR('12345',1,0) FROM dual	{null}	두번째 인자값이 0 이하면 null
SELECT SUBSTR('12345',1,-1) FROM dual	{null}	두번째 인자값이 0 이하면 null

인자값이 0이하인 경우

자주 쓰진 않지만 SUBSTRING이나 SUBSTR의 첫 번째 인자값을 0이하 값을 쓰기도 한다. 이 경우 PostgreSQL과 오라클 결과가 다르니 0 이하 값을 쓸 때 주의가 필요하다. PostgreSQL의 SUBSTRING의 FROM 값이나 SUBSTR의 첫 번째 인자값이 0 이하라면 문자열의 왼쪽에 Empty string이 있다고 가정하면 이해하기 편하다. 만약 '12345'를 입력값으로 줄 때 위칫값은 아래 표와 같다.

위칫값	-2	-1	0	1	2	3	4	5
문자값				1	2	3	4	5

순번	PostgreSQL(SUBSTRING)	PostgreSQL(SUBSTR)	결과
1	SELECT SUBSTRING('12345' FROM 0 FOR 2)	SELECT SUBSTR('12345',0,2)	1
2	SELECT SUBSTRING('12345' FROM -1 FOR 3)	SELECT SUBSTR('12345',-1,3)	1
3	SELECT SUBSTRING('12345' FROM -1 FOR 2)	SELECT SUBSTR('12345',-1,2)	empty string
4	SELECT SUBSTRING('12345' FROM -2 FOR 5)	SELECT SUBSTR('12345',-2,5)	12
5	SELECT SUBSTRING('12345' FROM 0 FOR 2)	SELECT SUBSTR('12345',0,2)	1

위 표 1번을 보면 0번째부터 2자를 자르는 것이다. 0번째는 입력한 최초 문자인 '1'의 왼쪽 가상 문자를 의미하므로 Empty string 하나와 처음 문자 '1'을 합쳐 '1'이 나온다. 3번은 -1번째부터 2자니까 -1번째와 0번째 Empty string을 자르므로 결과가 Empty string이다.

오라클은 가장 왼쪽 문자의 위칫값이 1이고, 가장 오른쪽의 위칫값은 -1이다. 오른쪽으로 갈수록 위칫값이 1씩 늘어나고 왼쪽으로 갈수록 1씩 줄어든다.

위칫값	1	2	3	4	5
위칫값	-5	-4	-3	-2	-1
문자값	1	2	3	4	5

ORACLE	결과	비고
SELECT SUBSTR('12345',2,-2)	null	두번째 인자값이 0이하면 null. PostgreSQL에선 에러.
SELECT SUBSTR('12345',1,0)	null	두번째 인자값이 0이하면 null. PostgreSQL에선 empty string.
SELECT SUBSTR('12345',0,2)	12	첫번째 인자값이 0이면 1을 쓴 것과 결과가 같다. PostgreSQL에선 '1'
SELECT SUBSTR('12345',-1,3)	5	맨 오른쪽 문자부터 3자. 맨 오른쪽보다 오른쪽에 문자가 없어서 5가 나온다. PostgreSQL에선 '1'
SELECT SUBSTR('12345',-1,2)	5	맨 오른쪽 문자부터 2자. 맨 오른쪽보다 오른쪽에 문자가 없어서 5가 나온다. PostgreSQL에선 empty string.
SELECT SUBSTR('12345',-2,5)	45	오른쪽 두번째 문자부터 5자. PostgreSQL에선 '12'
SELECT SUBSTR('12345',-6,5)	{null}	-6번째 문자가 없어서 null. PostgreSQL에선 empty string

> **SUBSTR으로 자를 문자가 없을 때 오라클과의 차이**
>
> 오라클에서 'SELECT SUBSTR('12',3,1) FROM dual'의 결과는 null이다. 그래서 'SELECT NVL(SUBSTR('12',3,1),'X') FROM dual'의 결과는 X가 나온다. 하지만 PostgreSQL에서는 null이 아니라 Empty string을 반환한다. 그래서 'SELECT COALESCE(SUBSTR('12',3,1),'X')'의 결과는 Empty string이다. 만약 오라클과 같은 결과를 얻으려면 다음처럼 해야한다.

```
SELECT CASE WHEN SUBSTR('12',3,1) = '' THEN 'X' ELSE SUBSTR('12',3,1) END ;
혹은
SELECT COALESCE(NULLIF(SUBSTR('12', 3, 1), ''), 'X');
```

2.2.8. SUBSTRB(PostgreSQL 미지원)

ORACLE에서 제공하는 SUBSTRB 함수는 문자열을 바이트 단위로 잘라내는 기능을 제공한다. SUBSTRB는 SUBSTR과 유사하게 문자열에서 일부분을 추출하지만, 주요 차이점은 바이트 수를 기준으로 문자열을 자른다는 것이다. 이 함수는 'SUBSTRB(자를 문자열, 시작 바이트 위칫값, 자를 바이트)' 형식으로 사용한다.

반면, PostgreSQL은 SUBSTRB 함수를 직접 지원하지 않는다. PostgreSQL에서 바이트 기준으로 문자열을 자르기 위해서는 SUBSTRING과 CONVERT_FROM 함수를 결합하여 사용해야 한다. 이를 통해 바이트 단위로 인코딩된 문자열을 해석하고, 원하는 바이트 위치에서 문자열을 잘라낼 수 있다.

PostgreSQL	결과	ORACLE	결과
SELECT CONVERT_FROM(SUBSTRING(c1::bytea,1,2),'UTF8')	12	SELECT SUBSTRB(c1,1,2)	12
SELECT CONVERT_FROM(SUBSTRING(c1::bytea,3,3),'UTF8')	가	SELECT SUBSTRB(c1,3,3)	가
SELECT CONVERT_FROM(SUBSTRING(c1::bytea,9,2),'UTF8')	AB	SELECT SUBSTRB(c1,9,2)	AB
SELECT CONVERT_FROM(SUBSTRING(c1::bytea,1,3),'UTF8')	에러	SELECT SUBSTRB(c1,1,3)	12
* c1은 '12가나AB'임			

UTF8 인코딩 시스템에서 한글 문자는 3바이트를 차지하는 특성 때문에 ORACLE과 PostgreSQL 에서 바이트 기준 문자열 처리에 있어 주의가 필요하다. ORACLE에서 SUBSTRB 함수를 사용하여 '12가나AB' 문자열의 첫 3바이트를 자르면 '12'가 반환된다. 이후에 나오는 '가' 문자는 3바이트를 차지하지만, SUBSTRB 함수는 부분적으로 잘라도 에러를 발생시키지 않고 결과를 반환한다. 따라서 '가'의 일부 바이트가 잘려서 온전한 문자로 출력되지 않지만, 에러가 발생하진 않는다.

PostgreSQL에서는 바이트 단위로 문자열을 자를 때, 문자가 온전히 잘리지 않으면 에러가 발생한다. 따라서 '12가나AB'와 같은 문자열에서 첫 3바이트를 잘라내려고 할 때, '가'가 온전히 잘리지 않아 에러가 발생한다. 이러한 차이는 ORACLE의 SUBSTRB 함수를 PostgreSQL로 변환할 때 고려해야 하는 중요한 점이다. ORACLE에서 에러 없이 수행되던 작업이 PostgreSQL에서는 에러를 발생시킬 수 있기 때문이다. 따라서 PostgreSQL에서는 문자열을 바이트 단위로 안전하게 잘라내려면 해당 문자의 바이트 크기를 정확히 이해하고, 온전한 문자 단위로만 잘라내야 한다.

2.2.9. LEFT(오라클 미지원), RIGHT(오라클 미지원)

PostgreSQL에서 LEFT와 RIGHT 함수는 각각 문자열의 왼쪽과 오른쪽 부분을 지정한 문자 수만큼 잘라서 반환한다. 이 함수들은 문자열과 잘라낼 문자 수를 인자로 받는다. ORACLE에서는 LEFT와 RIGHT 함수에 해당하는 직접적인 기능을 가진 함수가 없지만, SUBSTR 함수를 사용해서 같은 결과를 얻을 수 있다.

PostgreSQL	결과	ORACLE	결과
SELECT LEFT('12345',0)	empty string		
SELECT LEFT('12345',3)	123	SELECT SUBSTR('12345',1,3) FROM dual	123
SELECT LEFT('12345',-2)	123	SELECT SUBSTR('12345',1,LENGTH('12345')-2) FROM dual	123

LEFT와 RIGHT 함수에 음수를 인자로 사용하는 경우, 이 함수들은 문자열의 특정 부분을 잘라내는 대신, 해당 부분을 제외한 나머지 부분을 반환한다. LEFT 함수 인자값에 음수를 사용할 경우, 문자열의 오른쪽 끝에서 지정된 길이만큼 제외하고 나머지 왼쪽 부분을 반환한다. 예를 들어, 'LEFT('Hello World', -3)'는 'Hello World'의 오른쪽 끝에서 3글자를 제외한 'Hello Wo'를 반환한

다. RIGHT 함수에 음수 인자값을 쓰면 왼쪽 끝에서 지정된 길이만큼 제외하고 나머지 오른쪽 부분을 반환한다.

PostgreSQL	결과	ORACLE	결과
SELECT RIGHT('12345',0)	empty string		
SELECT RIGHT('12345',3)	345	SELECT SUBSTR('12345',(LENGTH('12345')-3)+1) FROM dual	345
SELECT RIGHT('12345',-2)	345	SELECT SUBSTR('12345',2+1) FROM dual	345

2.2.10. SPLIT_PART(오라클 미지원)

SPLIT_PART 함수는 PostgreSQL에서 제공되며, 주어진 문자열을 지정된 구분자로 나눈 후, 지정된 순번에 해당하는 부분의 문자열을 반환한다. 이 함수는 '문자열, 구분자, 구분자로 나눴을 때 가져올 문자열의 순번'을 인자로 받는다. 예를 들어, 'SPLIT_PART('a,b,c,d', ',', 2)'의 경우, 문자열 'a,b,c,d'를 ','로 나누고 그중 두 번째 부분인 b를 반환한다. ORACLE에서는 SPLIT_PART와 동일한 기능을 내장 함수로 직접 제공하지 않지만, REGEXP_SUBSTR 함수를 사용해서 같은 결과를 만들 수 있다.

PostgreSQL	결과	ORACLE	결과
SELECT SPLIT_PART('1_23_456','_',1)	1	SELECT REGEXP_SUBSTR('1_23_456','[^_]+',1,1)	1
SELECT SPLIT_PART('1_23_456','_',2)	23	SELECT REGEXP_SUBSTR('1_23_456','[^_]+',1,2)	23
SELECT SPLIT_PART('1_23_456','_',4)	empty	SELECT REGEXP_SUBSTR('1_23_456','[^_]+',1,4)	{null}
SELECT SPLIT_PART('1_23_456','_',null)	{null}	SELECT REGEXP_SUBSTR('1_23_456','[^_]+',1,null)	{null}

2.2.11. REPLACE

REPLACE 함수는 주어진 문자열에서 특정 문자열을 찾아 다른 문자열로 변경하는 기능을 제공한다. 이 함수는 '문자열, 찾을 문자열, 변경할 문자열'의 순서로 인자를 받는다. 예를 들어, 'REPLACE('Hello World', 'World', 'Everyone')'의 경우, 문자열 'Hello World'에서 'World'를 찾아 'Everyone'으로 변경하여 'Hello Everyone'을 반환한다.

PostgreSQL, ORACLE	결과	비고
SELECT REPLACE('ABCABC','A','X')	XBCXBC	'A'를 'X'로 변경
SELECT REPLACE('ABCABC','AB','X')	XCXC	'AB' 문자열을 'X'로 변경

2.2.12. OVERLAY(오라클 미지원)

PostgreSQL에서 OVERLAY 함수는 문자열의 지정된 부분을 다른 문자열로 교체한다. 이 함수는 '문자열, PLACING 바꿀 문자열, FROM 시작 문자 위치, FOR 바꿀 문자수' 형식의 인자를 사용한다. 예를 들어, 'OVERLAY('Hello World' PLACING 'Everyone' FROM 7 FOR 5)'는 'Hello World'에서 7번째 위치부터 5글자(World)를 'Everyone'으로 교체해 'Hello Everyone'을 반환한다.

ORACLE에서는 OVERLAY와 동일한 기능을 가진 내장 함수가 없다. 비슷한 기능을 구현하기 위해서는 SUBSTR, CONCAT 등의 함수를 복합적으로 사용하거나 사용자 정의 함수를 작성해야 한다.

PostgreSQL	결과	비고
SELECT OVERLAY('123456' PLACING 'X' FROM 3 FOR 3)	12X6	3번째 문자부터 3자리를 'X'로 대체
SELECT OVERLAY('123456' PLACING 'XXXX' FROM 3 FOR 3)	12XXXX6	3번째 문자부터 3자리를 'XXXX'로 대체

2.2.13. TRANSLATE

TRANSLATE 함수는 '바꿀 대상 문자열, 바꿀 대상 문자, 바꿀 문자' 형식으로 인자값을 쓰며 바꿀 대상 문자와 바꿀 문자를 순서에 따라 대응하며 대상 문자열을 변경한다. 오라클은 ''로 표시하는 Empty string을 null로 해석하기 때문에 두 번째나 세 번째 인자 값에 ''을 넣을 때 결과가 PostgreSQL과 다르므로 유의하기 바란다.

PostgreSQL, 오라클	결과(PG)	결과(오라클)
SELECT TRANSLATE('abc 1 def 2', '', '')	abc 1 def 2	null
SELECT TRANSLATE('abc 1 def 2', '', ' ')	abc 1 def 2	null
SELECT TRANSLATE('abc 1 def 2', ' ', '')	abc1def2	null
SELECT TRANSLATE('abc 1 def 2', ' ', ' ')	abc 1 def 2	abc 1 def 2
SELECT TRANSLATE('abc1def#', ' 0123456789', ' ')	abcdef#	abcdef#
SELECT TRANSLATE('abc1def#', '0123456789', '')	abcdef#	null
SELECT TRANSLATE('abc1def#', '0123456789'││'abc1def#', '0123456789')	1	1
SELECT TRANSLATE('010-123-4567','0123456789'││'010-123-4567', '0123456789')	0101234567	0101234567

PostgreSQL에서 'abc1def#' 문자열에서 숫자를 제거하려면 'TRANSLATE('abc1def#', '0123456789', ' ')'를 사용한다. 이 경우 0부터 9까지의 숫자는 세 번째 인자 값에 대응되는 값이 없으므로 삭제된다.

TRANSLATE('abc1def#', ' 0123456789', ' ')

결과적으로 문자열에서 숫자가 제거된다. 반면, 문자열에서 숫자만 남기고자 할 때는 'TRANSLATE('abc1def#', '0123456789'││'abc1def#', '0123456789')'와 같은 방식으로 사용할 수 있다.

오라클에서는 TRANSLATE 함수의 두 번째 또는 세 번째 인자 값으로 ''(Empty string)을 사용하면 결과가 NULL로 반환된다. 이는 ORACLE이 Empty string을 null로 해석하기 때문이다. PostgreSQL에서는 ''(Empty string)을 지원하므로, ' ', ' '는 Empty string을 공백 한 칸으로 바꾼다는 의미이며, 문자열을 그대로 반환한다.

2.2.14. LENGTH, CHAR_LENGTH(오라클 미지원), CHARACTER_LENGTH(오라클 미지원)

PostgreSQL에서는 LENGTH, CHAR_LENGTH, CHARACTER_LENGTH 세 가지 함수를 사용해 문자열 길이를 구한다. NULL의 길이는 NULL이고, ''(Empty string)의 길이는 0이다.

ORACLE에서는 문자열 길이를 구할 때 LENGTH 함수를 사용한다. ORACLE은 ' '(Empty string)을 NULL로 처리하기 때문에, ' '의 길이도 NULL로 반환된다. ORACLE에서 숫자를 인자로 넣으면 문자열로 자동 형 변환되어 길이가 계산되며, 이 과정에서 에러가 발생하지 않는다. 하지만, PostgreSQL에서 숫자를 문자열 길이 함수의 인자로 사용하려면, 명시적으로 문자열 형태로 변환해야 한다. 예를 들어, LENGTH(123) 대신 LENGTH('123') 또는 LENGTH(123::text)로 사용해야 에러가 발생하지 않는다.

PostgreSQL	결과	ORACLE	결과
SELECT LENGTH(123)	에러	SELECT LENGTH(123) FROM dual	3
SELECT LENGTH(123::varchar)	3		
SELECT LENGTH('ABC')	3	SELECT LENGTH('ABC') FROM dual	3
SELECT LENGTH('가나다')	3	SELECT LENGTH('가나다') FROM dual	3
SELECT LENGTH(null)	null	SELECT LENGTH(null) FROM dual	null
SELECT LENGTH('')	0	SELECT LENGTH('') FROM dual	null

2.2.15. OCTET_LENGTH(오라클 미지원)

OCTET_LENGTH 함수는 PostgreSQL에서 문자열의 바이트 길이를 구하는 데 사용된다. ORACLE에서는 유사한 기능을 제공하는 LENGTHB 함수를 사용할 수 있다. UTF8 문자 세트 환경에서 한글은 3바이트를 차지하므로, OCTET_LENGTH 함수를 사용할 때 한글 한 문자당 길이가 3씩 증가한다. LENGTH, CHAR_LENGTH, CHARACTER_LENGTH 함수와 마찬가지로, OCTET_LENGTH 함수에 숫자를 인자로 주면 에러가 발생한다는 점에 주의해야 한다. 바이트 길이를 구하는 함수의 인자에 숫자를 사용하기 위해서는 명시적으로 문자열 형태로 변환하는 과정이 필요하다. 예를 들어, OCTET_LENGTH(123) 대신 OCTET_LENGTH('123') 또는 OCTET_LENGTH(123::text) 형식으로 사용해야 한다.

PostgreSQL	결과	ORACLE	결과
SELECT OCTET_LENGTH(123)	에러	SELECT LENGTHB(123) FROM dual	3
SELECT OCTET_LENGTH(123::varchar)	3		
SELECT OCTET_LENGTH('ABC')	3	SELECT LENGTHB('ABC') FROM dual	3
SELECT OCTET_LENGTH('가나다')	9	SELECT LENGTHB('가나다') FROM dual	9
SELECT OCTET_LENGTH(null)	null	SELECT LENGTHB(null) FROM dual	null
SELECT OCTET_LENGTH('')	0	SELECT LENGTHB('') FROM dual	null

2.2.16. LPAD, RPAD

LPAD와 RPAD 함수는 문자열의 왼쪽이나 오른쪽에 특정 문자를 채우는 데 사용된다. 이 함수들은 '대상 문자열, 최종 자릿수, 채울 문자값' 형식으로 인자를 받는다. 채울 문자값을 지정하지 않으면 공백으로 채워진다.

LPAD : 문자열의 왼쪽에 문자를 채운다. 대상 문자열의 길이가 최종 자릿수보다 길 경우, 왼쪽부터 최종 자릿수 길이만큼 문자를 남기고 나머지를 잘라낸다. 예를들어, 'LPAD('Hello', 10, 'x')'는 'xxxxxHello'를 반환하고, 'LPAD('Hello', 3)'는 'Hel'을 반환한다. RPAD는 LAPD와 방향만 오른쪽으로 다를 뿐 기능적으론 동일하다.

PostgreSQL, 오라클	결과	비고
SELECT LPAD('1',7,'0')	0000001	'1' 왼쪽에 0을 6개 채워서 7자리 문자로 만듦.
SELECT LPAD('1',7)	⌐⌐⌐⌐⌐⌐1	'1' 왼쪽에 공백을 6개 채워서 7자리 문자로 만듦.
SELECT LPAD('1234567890',7)	1234567	왼쪽부터 7개 문자만 남기고 삭제.
SELECT RPAD('1',7,'0')	1000000	'1' 오른쪽에 0을 6개 채워서 7자리 문자로 만듦.
SELECT RPAD('1',7)	1⌐⌐⌐⌐⌐⌐	'1' 오른쪽에 공백을 6개 채워서 7자리 문자로 만듦.
SELECT RPAD('1234567890',7)	1234567	왼쪽부터 7개 문자만 남기고 삭제.

2.2.17. LTRIM, RTRIM

LTRIM과 RTRIM 함수는 문자열에서 지정하지 않은 문자를 왼쪽이나 오른쪽부터 제거하는 기능을 수행한다. 이 함수들은 '대상 문자열, 지울 문자' 형식으로 인자를 받는다.

LTRIM : 문자열의 왼쪽부터 시작하여, 지울 문자로 지정하지 않은 문자를 만날 때까지 문자를 제거한다. 지울 문자를 지정하지 않으면 기본적으로 공백을 제거한다. 예를 들어, 'LTRIM('xxHello', 'x')'는 'Hello'를 반환하고, 'LTRIM(' Hello')'는 공백이 제거된 'Hello'를 반환한다. RTRIM은 LTRIM과 방향만 오른쪽으로 다를 뿐 기능적으론 동일하다.

PostgreSQL, 오라클	결과	비고
SELECT LTRIM('11223ABC11233','12')	3ABC11233	왼쪽부터 '1'이나 '2'가 아닌 문자를 만날 때까지 지운다. '12'의 의미가 '12'문자열이 아닌 '1'이나 '2'인 것에 주의가 필요하다.
SELECT LTRIM(' ␣␣␣ABC␣␣␣ ')	ABC␣␣␣	두번째 인자값이 없으면 공백을 삭제한다.
SELECT RTRIM('1123ABC11233','32')	1123ABC11	오른쪽부터 '3'이나 '2'가 아닌 문자를 만날 때까지 문자 삭제.
SELECT RTRIM('␣␣␣ABC␣␣␣')	␣␣␣ABC	오른쪽 공백을 삭제.

2.2.18. BTRIM(오라클 미지원)

LTRIM과 RTRIM 기능을 동시에 한다. 오라클에서는 LTRIM과 RTRIM을 같이 쓰면 똑같은 결과를 만들 수 있다. BTRIM 함수에 두 번째 인자값을 주지 않으면 문자열의 앞뒤에 있는 공백을 지운다. 오라클에서 TRIM함수를 쓰면 같은 결과를 만들 수 있지만, 오라클의 TRIM 함수는 BTRIM 함수처럼 특정 문자를 지정해서 지울 수 없고 공백만 지울 수 있는 것에 유의하자. 이 함수는 '대상 문자열, 지울 문자' 형식으로 인자를 받는다. 지울 문자를 지정하지 않으면 기본적으로 문자열의 앞뒤에 있는 공백을 제거한다. 예를 들어, ORACLE에서 TRIM(' HELLO ')는 양쪽의 공백이 제거된 'Hello'를 반환한다.

PostgreSQL	결과	ORACLE	결과
SELECT BTRIM('1212ABC1212','12')	ABC	SELECT RTRIM(LTRIM('1212ABC1212','12'),'12') FROM dual	ABC
SELECT BTRIM('␣␣␣ABC␣␣␣')	ABC	SELECT TRIM('␣␣␣ABC␣␣␣') FROM dual	ABC
		SELECT TRIM('1212ABC2121','12') FROM dual	에러

2.2.19. ASCII

ASCII 함수는 입력된 문자의 아스키코드 값을 반환한다. PostgreSQL에서는 ' '(Empty string)을 허용하고, ' '의 아스키코드값은 0이다. 예를 들어, ASCII('')는 0을 반환한다. ORACLE에서는 ' '(Empty string)을 허용하지 않으며, ' '의 아스키코드값은 NULL이다. ORACLE에서 ASCII('')를 실행하면 결괏값으로 NULL이 반환된다. PostgreSQL과 ORACLE 모두에서 NULL 값의 아스키 코드는 NULL이다.

PostgreSQL	결과	ORACLE	결과
SELECT ASCII('A')	65	SELECT ASCII('A') FROM dual	65
SELECT ASCII('')	0	SELECT ASCII('') FROM dual	{null}
SELECT ASCII(null)	{null}	SELECT ASCII(null) FROM dual	{null}

2.2.20. CHR

CHR 함수는 주어진 아스키코드에 해당하는 문자를 반환하는 함수이다. PostgreSQL에서 ASCII('')의 결과는 0이지만, CHR(0)을 실행하면 에러가 발생한다. 반면에 오라클에서는 에러가 발생하지 않는다.

PostgreSQL	결과	ORACLE	결과
SELECT CHR(65)	A	SELECT CHR(65) FROM dual	A
SELECT CHR(0)	에러	SELECT CHR(0) FROM dual	chr(0)
SELECT CHR(null)	{null}	SELECT CHR(null) FROM dual	{null}

> **PostgreSQL과 오라클의 CHR(0) 결과 차이**
>
> 오라클을 쓰다 PostgreSQL을 쓰면 CHR(0)의 결과에 의아한 경우가 있다. CHR(0)의 결과가 미묘하게 다를 수 있으니 아래 정리 내용을 보고 참고하기 바란다.
>
> PostgreSQL : CHR(0)을 실행하면 에러가 발생한다. PostgreSQL에서는 아스키코드 0(NULL 문자)에 해당하는 CHR 함수 호출이 유효하지 않다.
>
> ORACLE : ORACLE에서 CHR(0)을 실행하면 에러가 발생하지 않으며, CHR(0)을 반환한다. 'SELECT ASCII(CHR(0)) FROM dual'의 결과는 0이고 'SELECT ASCII(CHR(null)) FROM dual'의 결과는 NULL이다.

PostgreSQL	결과	ORACLE	결과
SELECT ASCII('')	0	SELECT ASCII('')	null
SELECT CHR(0)	에러	SELECT CHR(0)	길이는 1이고, 공백처럼 보이지만 공백과는 다르다. 공백은 아스키코드가 32다. 눈으로는 똑같이 보이니 주의가 필요하다.
INSERT ''	CHR(0)을 입력. 길이는 0.	INSERT ''	null을 입력. 길이는 null.
INSERT CHR(0)	에러	INSERT CHR(0)	CHR(0)을 입력. 길이는 1.
SELECT 'a'||CHR(0)||'b'	에러	SELECT 'a'||CHR(0)||'b'	a␀b. 'a'||CHR(0)||'b'는 'a'||' '||'b'과 다르다. 눈으로는 구분이 안되니 주의가 필요하다.

2.2.21. POSITION(오라클 미지원), STRPOS(오라클 미지원)

문자열에서 특정 문자열의 시작 위치를 찾는 데 사용되는 POSITION과 STRPOS 함수는 ORACLE의 INSTR 함수와 유사한 기능을 제공한다. 이 함수들은 주어진 부분 문자열이 메인 문자열 내에서 시작되는 위치를 반환한다.

POSITION : POSITION('찾을 문자열' IN '대상 문자열') 형식으로 사용되며, 찾을 문자열이 대상 문자열 내에서 처음 나타나는 위치를 반환한다.

STRPOS : STRPOS('대상 문자열', '찾을 문자열') 형식으로 사용되며, 메인 문자열 내에서 부분 문자열이 처음 나타나는 위치를 반환한다.

예를 들어, 'POSITION('world' IN 'Hello world')' 또는 'STRPOS('Hello world', 'world')'는 둘 다 7을 반환한다.

PostgreSQL	결과	ORACLE	결과
SELECT POSITION('3' in '1234567')	3	SELECT INSTR('1234567','3',1,1) FROM dual	3
SELECT POSITION('9' in '1234567')	0	SELECT INSTR('1234567','9',1,1) FROM dual	0
SELECT STRPOS('1234567','3')	3	SELECT INSTR('1234567','3',1,1) FROM dual	3
SELECT STRPOS('1234567','9')	0	SELECT INSTR('1234567','9',1,1) FROM dual	0

ORACLE의 INSTR 함수는 매우 유연하며, 복잡한 문자열 검색 조건을 처리할 수 있다. 특히, INSTR 함수에서 두 번째 또는 세 번째 인자값이 1이 아닌 경우(즉, 검색 시작 위치나 발견 횟수를 지정하는 경우)는 PostgreSQL의 POSITION이나 STRPOS 함수로 직접 변환할 수 없다.

예를 들어, ORACLE에서 'INSTR('abcabc', 'b', 1, 2)'는 문자열 'abcabc'에서 두 번째로 등장하는 'b'의 위치를 찾으며, 'INSTR('abcabc', 'b', 3, 1)'은 세 번째 문자 이후에 첫 번째로 나타나는 'b'의 위치를 찾는다. 이러한 기능은 POSITION이나 STRPOS 함수만으론 구현할 수 없다.

2.2.22. REPEAT(오라클 미지원)

PostgreSQL에서 제공하는 REPEAT 함수는, 첫 번째 인자로 주어진 문자열을 두 번째 인자값으로 지정된 횟수만큼 반복하여 생성하는 기능을 수행한다. 이 함수는 문자열을 반복하여 확장할 때 유용하게 사용될 수 있다. 예를 들어, 'REPEAT('abc', 3)'는 'abc' 문자열을 3번 반복하여 'abcabcabc'를 반환한다.

ORACLE에서는 REPEAT 함수와 동일한 기능을 직접적으로 제공하지 않지만, RPAD 함수와 LENGTH 함수를 조합하여 유사한 결과를 얻을 수 있다. 예를 들어, ORACLE에서 'abc' 문자열을 3번 반복하려면 'RPAD('abc', LENGTH('abc')*3, 'abc')'를 쓰면된다.

PostgreSQL	결과	ORACLE	결과
SELECT REPEAT('a',4)	aaaa	SELECT RPAD('a', 4*LENGTH('a'), 'a')	aaaa
SELECT REPEAT('abc',4)	abcabcabcabc	SELECT RPAD('abc', 4*LENGTH('abc'), 'abc')	abcabcabcabc
SELECT REPEAT('123',4)	123123123123	SELECT RPAD('123', 4*LENGTH('123'), '123')	123123123123
SELECT REPEAT('#+-',4)	#+-#+-#+-#+-	SELECT RPAD('#+-', 4*LENGTH('#+-'), '#+-')	#+-#+-#+-#+-

2.2.23. GREATEST, LEAST

입력한 인자값 중 가장 큰 값을 찾는 게 GREATEST고 가장 작은 값을 찾는 게 LEAST다. 오라클은 인자 값 중 NULL이 있으면 결과가 NULL이지만 PostgreSQL은 NULL을 제외한 값에서 찾기 때문에 NULL이 있으면 오라클과 PostgreSQL의 결과가 다르다.

ORACLE : GREATEST와 LEAST 함수 인자 중 하나라도 NULL이 포함되어 있으면 결과는 NULL이 된다. 그래서 모든 인자값이 NULL이 아니거나 NULL이면 다른 값으로 변환해서 비교해야 유효한 결과를 얻을 수 있다.

PostgreSQL : GREATEST와 LEAST 함수는 NULL 값을 제외한 나머지 값 중에서 최대 또는 최솟값을 찾는다. 예를 들어, 'GREATEST(1, NULL, 3)'은 ORACLE에서 NULL을 반환하지만, PostgreSQL에서는 3을 반환한다.

PostgreSQL, 오라클	PostgreSQL 결과	ORACLE 결과	비고
GREATEST('a','aa','b')	b	b	자리수와 관계없이 앞자리부터 비교
GREATEST(null,'a','aa','b')	b	null	PostgreSQL은 null을 제외하고 비교, ORACLE은 null이 있으면 결과도 null
GREATEST(1,'a')	에러	에러	숫자형과 문자형 동시에 비교 불가능
GREATEST(1,2,10)	10	10	숫자형만 있으면 숫자로 비교 가능
LEAST는 GREATEST와 반대로 가장 작은 값을 구한다.			
LEAST('a','aa','b')	a	a	
LEAST(null,'a','aa','b')	a	null	
LEAST(1,'a')	에러	에러	
LEAST(1,2,10)	1	1	

2.2.24. ILIKE(오라클 미지원)

LIKE와 ILIKE는 문자열 패턴 매칭을 위해 사용되는 함수로, LIKE는 대소문자를 구별하는 반면 ILIKE는 대소문자를 구별하지 않는다. 예를 들어, t1 테이블의 c1 칼럼에 'a'와 'A' 두 개의 값이 있을 때, LIKE와 ILIKE의 결과는 다음과 같다.

'SELECT * FROM t1 WHERE c1 LIKE 'a'' : 이 쿼리는 대소문자를 구별하기 때문에, 오직 'a'인 값만을 반환하고 'A'는 반환하지 않는다.

'SELECT * FROM t1 WHERE c1 ILIKE 'a'' : 반면, 이 쿼리는 대소문자를 구별하지 않기 때문에, 'a'와 'A' 둘 다를 반환한다.

PostgreSQL	PostgreSQL 결과	ORACLE 결과
c1 LIKE 'A'	A	A
c1 ILIKE 'A'	a A	미지원 UPPER(c1) LIKE 'A'로 대체 가능

2.3. 날짜 함수

오라클에서 PostgreSQL로 전환할 때, 날짜 관련 함수는 특히 주의해야 할 부분 중 하나다. 일례로 PostgreSQL의 DATE 데이터 타입은 오직 '연월일' 정보만 포함하며, 시간 정보는 포함하지 않지만, ORACLE의 DATE 데이터 타입은 '연월일시분초' 정보를 모두 포함한다.(ORACLE은 '연월일'만 포함하는 별도의 데이터 타입을 지원하지 않는다)이와 같은 데이터 타입 차이는 물론이고 날짜 관련 함수의 이름이나 사용 방법, 날짜 간의 차이를 계산하거나 특정 날짜에 일정 기간을 더하거나 빼는 연산 결과에도 차이가 있다. 그리고 오라클에서 현재 일시를 보는 sysdate 값의 변환에도 세심한 주의가 필요하다.

2.3.1. 자주 사용하는 PostgreSQL 날짜 함수 사용 형태

PostgreSQL에서 자주 사용되는 날짜 관련 함수와 패턴을 아래 표에 정리했다.

내용	SQL
문자를 date 타입으로 변경	TO_DATE('20210912','yyyymmdd') 혹은 '20210912'::date
문자를 datetime 타입으로 변경	TO_TIMESTAMP('20210912101010','yyyymmddhh24miss') 혹은 '20210912 101010'::timestamp
특정 일자의 00시 00분 00초	'20210912'::timestamp
특정 일자의 23시 59분 59초	'20210912'::timestamp + INTERVAL '1' day - INTERVAL '1' second

일정 기간 이후 시각 구하기	/* day 부분을 month, hour 등으로 바꿀 수 있음. */ current_timestamp + '1 day'::interval 위 구문은 초 이하 단위와 시간대까지 정보가 나온다. 시간대와 초 단위 이하를 지우고 '년월일시분초'가 나오게 하려면 형변환을 한 번 더 해야 한다. (current_timestamp + '1 day'::interval)::timestamp(0) without time zone
두 일자간 차이 구하기(일)	('20210329'::date) - ('20200228'::date)
date(시분초 데이터 없음) 칼럼 하루 데이터 조회	WHERE date_col = '20210902'::date
date(시분초 데이터 없음) 칼럼 한 달 데이터 조회	WHERE date_col >= '20210902'::date AND date_col < '20210902'::date + INTERVAL '1' month
timestamp(0) without time zone 하루 데이터 조회	WHERE cre_dt >= '20210902'::timestamp AND cre_dt < '20210902'::timestamp + INTERVAL '1 day'
timestamp(0) without time zone 한 달 데이터 조회	WHERE cre_dt >= '20210902'::timestamp AND cre_dt < '20210902'::timestamp + INTERVAL '1 month'

2.3.2. TO_DATE(문자를 date 타입으로 변환)

날짜 형태의 문자를 날짜 데이터 타입으로 변환할 때 TO_DATE 함수를 쓴다. 변환 시 사용하는 구분자('-','/',' ')는 변환 대상 문자열에서 사용한 구분자와 일치시키는 것이 좋다. 이는 가독성을 높이고 혼란을 줄이는 데 도움이 된다. PostgreSQL에서 변환 대상 문자열의 길이와 포맷에 따라 에러가 나는 경우가 종종 있으니 주의가 필요하다.

PostgreSQL, 오라클	PostgreSQL 결과	ORACLE 결과	비고
TO_DATE('20210912','yyyymmdd')	2021-09-12 (시분초 없음)	2021-09-12 00:00:00 (시분초 있음)	변환 대상 문자열에 사용한 년월일 구분자와 포맷에서 사용한 구분자를 같게 하는게 가독성이 높다.
TO_DATE('2021-09-12','yyyy-mm-dd')	위와 같음.	위와 같음.	
TO_DATE('2021/09/12','yyyy/mm/dd')	위와 같음.	위와 같음.	
TO_DATE('2021/09/12','yyyy-mm-dd')	위와 같음.	위와 같음.	
TO_DATE('2021/09/12','yyyy mm dd')	위와 같음.	위와 같음.	
TO_DATE('20210912','yyyy-mm-dd')	에러	2021-09-12 00:00:00	변환 대상 문자열은 8자리인데 포맷이 12자리라 PostgreSQL에선 에러 발생
TO_DATE('2021-09-12','yyyy-mm')	2021-09-01	에러	PostgreSQL에서 에러는 나지 않지만 비권장 패턴

2.3.3. TO_TIMESTAMP(문자를 timestamp 타입으로 변환)

'연월일시분초' 형식의 문자열을 날짜 데이터 타입으로 변환할 때, PostgreSQL에서는 TO_TIMESTAMP 함수를 사용한다. PostgreSQL의 TIMESTAMP 타입이 기본적으로 타임존을 포함하기 때문에 TO_TIMESTAMP 함수의 반환 값에는 타임존 정보가 있다. 반면 ORACLE에서는 '연월일시분초' 형식의 문자열을 날짜 데이터로 변환할 때 TO_DATE 또는 TO_TIMESTAMP 함수를 쓰는데 이 함수의 반환 값에는 기본적으로 타임존 정보가 없다.

PostgreSQL, 오라클	PostgreSQL 결과	ORACLE 결과
TO_TIMESTAMP('202109121010','yyyymmddhh24miss')	2021-09-12 10:10:10.000 +0900 (타임존 있음)	2021-09-12 10:10:10.000000000 (타임존 없음)
TO_TIMESTAMP('2021-09-12 10:10:10','yyyy-mm-dd hh24:mi:ss')	위와 같다.	위와 같다.
TO_TIMESTAMP('2021-09-12 10:10:10','yyyy/mm/dd hh24:mi:ss')	위와 같다.	위와 같다.
TO_TIMESTAMP('2021/09/12 10:10:10','yyyy-mm-dd hh24:mi:ss')	위와 같다.	위와 같다.
TO_TIMESTAMP('2021/09/12 10:10:10','yyyy mm dd hh24:mi:ss')	위와 같다.	위와 같다.

2.3.4. 특정일자의 시작과 끝 시각 구하기

'연월일' 형식의 문자 값에서 해당 일자의 시작 시각과 끝 시각을 구하는 방법은 다음과 같다.

PostgreSQL	결과	ORACLE	결과
'20210912'::timestamp	2021-09-12 00:00:00.000	TO_DATE('20210912','yyyymmdd')	2021-09-12 00:00:00
'2021-09-12'::timestamp + INTERVAL '1' day - INTERVAL '1' second	2021-09-12 23:59:59.000	(TO_DATE('20210912','yyyymmdd')+1) - 1/24/60/60 TO_DATE('20210912','yyyymmdd') + INTERVAL '1' day - INTERVAL '1' second	2021-09-12 23:59:59
'2021-09-12'::timestamp + INTERVAL '1' day	2021-09-13 00:00:00.000	TO_DATE('2021-09-12','yyyy-mm-dd') + INTERVAL '1' day	2021-09-13 00:00:00

하루치 데이터 조회 방법 비교

ORACLE의 DATE 타입을 PostgreSQL로 변환할 때 일반적으로 TIMESTAMP 타입으로 변환한다. ORACLE의 DATE 타입은 초 이하 단윗값이 포함 안 되지만 PostgreSQL의 TIMESTAMP 칼럼은 초 이하 단윗값을 포함하기 때문에 오라클에서 사용하던 방법을 그대로 사용했을 때 결과가 잘못 나오는 경우가 있으니 주의가 필요하다.

ORACLE 조회 방법

```
SELECT *
FROM   ixus_test t1
WHERE  t1.c1 BETWEEN TO_DATE('2022-06-01','yyyy-mm-dd')
       AND     TO_DATE('2022-06-01'||'235959','yyyy-mm-dd hh24:mi:ss') ;
혹은
SELECT *
FROM   ixus_test t1
WHERE  t1.c1 >= TO_DATE('2022-06-01','yyyy-mm-dd')
AND    t1.c1 <  TO_DATE('2022-06-01','yyyy-mm-dd') + 1 ;
```

> **PostgreSQL 조회 방법**
>
> ```
> SELECT *
> FROM   ixus_test t1
> WHERE  t1.c1 BETWEEN TO_TIMESTAMP('2022-06-01','yyyy-mm-dd')
>                  AND TO_TIMESTAMP('2022-06-01','yyyy-mm-dd') + INTERVAL '1 day' - INTERVAL '1 microsecond' ;
> ```
>
> 혹은
>
> ```
> SELECT *
> FROM   ixus_test t1
> WHERE  t1.c1 >= TO_TIMESTAMP('2022-06-01','yyyy-mm-dd')
> AND    t1.c1 <  TO_TIMESTAMP('2022-06-01','yyyy-mm-dd') + INTERVAL '1 day' ;
> ```

2.3.5. 현재를 기준으로 어제, 오늘, 내일 구하기

PostgreSQL에서는 현재 일자 기준으로 어제, 오늘, 내일을 나타내는 yesterday, now, tomorrow를 지원한다. 반면, ORACLE에서는 이러한 키워드를 직접적으로 지원하지 않아 sysdate를 이용해서 계산해야 한다.

PostgreSQL	결과	ORACLE	결과	비고
'yesterday'::date	2021-09-01	TRUNC(sysdate-1)	2021-09-01 00:00:00	어제
'now'::date	2021-09-02	TRUNC(sysdate)	2021-09-02 00:00:00	오늘
'tomorrow'::date	2021-09-03	TRUNC(sysdate+1)	2021-09-03 00:00:00	내일
'yesterday'::timestamp	2021-09-01 00:00:00.000	TRUNC(sysdate-1)	2021-09-01 00:00:00	어제
'now'::timestamp	2021-09-02 15:42:10.354	sysdate	2021-09-02 15:42:10	오늘
'tomorrow'::timestamp	2021-09-03 00:00:00.000	TRUNC(sysdate+1)	2021-09-03 00:00:00	내일

PostgreSQL에서 yesterday와 tomorrow 키워드의 기준은 현재 세션 시간에 따라 달라진다. 만약 서버 시간대가 Asia/Seoul이고 세션 시간대가 Asia/Singapore로 설정되어 있다면, current_timestamp를 조회했을 때 Asia/Singapore 시간대에 따른 시간이 반환되며 yesterday와 tomorrow 역시 Asia/Singapore 시간대를 기준으로 계산된다. 즉, yesterday는 Asia/Singapore 시간대 기준으로 어제의 날짜를, tomorrow는 내일의 날짜를 나타낸다. 이런 특성 때문에 다양한 시간대를 다루는 애플리케이션을 개발할 때 세심히 주의를 기울여야 한다.

```
-- 서버 시간대는 Asia/Seoul인 상태
postgres=# set timezone to 'Asia/Singapore';
postgres=# SELECT current_setting('timezone') cur_set
                , current_timestamp
                , EXTRACT(timezone FROM current_timestamp)/60/60 AS tz
                , current_timestamp - INTERVAL '1 hour' AS "1h_bf"
                , 'yesterday'::timestamp AS yesterday ;
```

cur_set	current_timestamp	tz	1h_bf	yesterday
Asia/Singapore	2023-04-19 09:50:44.406706+08	8	2023-04-19 08:50:44.406706+08	2023-04-18 00:00:00

PostgreSQL에서 세션 시간대를 변경하면 yesterday의 값도 그에 따라 변하게 된다. 세션 시간대를 Etc/GMT+12로 설정하면, current_timestamp는 Etc/GMT+12 시간대에 따른 현재 시각을 나타낸다. 이 시간대 설정하에, 만약 current_timestamp가 4월 18일을 가리킨다면, yesterday는 그보다 하루 전인 4월 17일을 나타낸다.

```
postgres=# set timezone to 'Etc/GMT+12';
postgres=# SELECT current_setting('timezone') cur_set
                , current_timestamp
                , EXTRACT(timezone FROM current_timestamp)/60/60 AS tz
                , current_timestamp - INTERVAL '1 hour' AS "1h_bf"
                , 'yesterday'::timestamp AS yesterday;
```

cur_set	current_timestamp	tz	1h_bf	yesterday
Etc/GMT+12	2023-04-18 13:51:32.206274-12	-12	2023-04-18 12:51:32.206274-12	2023-04-17 00:00:00

2.3.6. 시분초 제거하기

PostgreSQL과 ORACLE에서 '시분초' 값을 제거하고 '연월일'만 필요할 때 처리하는 방법에 차이가 있다. PostgreSQL에서는 TIMESTAMP 또는 TIMESTAMP WITH TIME ZONE 데이터 타입에서 '시분초'를 제거하려면, 단순히 DATE 타입으로 형 변환하면 되지만 '연월일'만 있는 별도의 데이터 타입이 없는 ORACLE에서는 TRUNC 함수를 사용해서 시간을 00:00:00으로 설정하는 방법을 써야한다.

PostgreSQL	결과	ORACLE	결과	비고
current_timestamp::date	2021-09-03	TRUNC(sysdate)	2021-09-03 00:00:00	오라클은 일자만 표시하는 데이터 타입이 없다.

DATE_TRUNC 사용

PostgreSQL에서 DATE_TRUNC 함수를 사용하면 특정 단위까지의 날짜 및 시간 정보를 유지하고 나머지는 제거할 수 있다. 예를 들어, 'SELECT DATE_TRUNC('day', current_timestamp)'는 현재 타임스탬프에서 시간, 분, 초를 제거하고 해당 일의 자정(00:00:00)을 반환한다. day 대신 year를 사용하면 해당 연도의 1월 1일 00시 00분 00초가 되고, month를 사용하면 해당 월의 1일 00시 00분 00초를 반환한다.

2.3.7. 월의 마지막 날 구하기(LAST_DAY)

월의 마지막 날을 구할 때 오라클은 LAST_DAY 함수를 쓴다. 하지만, PostgreSQL은 이 함수를 지원하지 않아서 여러 함수를 중첩해서 쓰거나 사용자 정의 함수를 써야 한다.

ORACLE에서는 LAST_DAY 함수를 사용하여 주어진 날짜가 포함된 달의 마지막 날을 구할 수 있다.

```
SELECT TRUNC(LAST_DAY(sysdate)) FROM DUAL;
```

ORACLE은 DATE 타입이 시간 정보(00:00:00)를 포함하므로, LAST_DAY 함수의 결과도 시간 정보를 포함한다.

PostgreSQL은 LAST_DAY와 결과가 같은 함수를 지원하지 않아서 현재 날짜에서 다음 달의 첫날을 구한 다음, 하루를 빼는 방법을 주로 쓴다.

```
SELECT (DATE_TRUNC('month', current_timestamp) + INTERVAL '1 month' - INTERVAL '1 day')::date;
```

PostgreSQL	결과	ORACLE	결과
(DATE_TRUNC('month', current_timestamp) + INTERVAL '1 month' - INTERVAL '1 day')::date	2021-09-30	TRUNC(LAST_DAY(sysdate))	2021-09-30 00:00:00

2.3.8. 요일 구하기(EXTRACT)

특정 일자의 요일을 구할 때 ORACLE에서는 TO_CHAR 함수를 사용한다.

```
SELECT TO_CHAR(date '2023-01-01', 'D') FROM dual;
```

이렇게 하면 해당 요일이 일요일이면 1, 월요일이면 2, 토요일이면 7을 반환한다. PostgreSQL에서도 TO_CHAR 함수를 사용해 요일을 구할 수 있다. 추가로 PostgreSQL에서는 EXTRACT 함수에 DOW 또는 ISODOW 옵션을 사용할 수 있다. DOW는 일요일을 0으로 표시하고, 토요일을 6으로 표시한다. ISODOW는 월요일을 1로 표시하고, 일요일을 7로 표시한다.

PostgreSQL	결과	ORACLE	결과
일요일이 1, 토요일이 7.			
TO_CHAR('2021-09-25'::timestamp,'D')	7	TO_CHAR(TO_DATE('20210925','yyyymmdd'),'D')	7
TO_CHAR('2021-09-26'::timestamp,'D')	1	TO_CHAR(TO_DATE('20210926','yyyymmdd'),'D')	1
일요일이 0, 토요일이 6. 오라클은 EXTRACT 함수에서 DOW 지원 안함.			
EXTRACT(DOW FROM '2021-09-25'::timestamp)	6	지원 안함	
EXTRACT(DOW FROM '2021-09-26'::timestamp)	0		
월요일이 1, 일요일이 7. 오라클은 EXTRACT 함수에서 ISODOW 지원 안함.			
EXTRACT(ISODOW FROM '2021-09-25'::timestamp)	6	지원 안함	
EXTRACT(ISODOW FROM '2021-09-26'::timestamp)	7		

2.3.9. 한국, 미국, 영국 날짜 표현

날짜 표현 방식은 국가마다 조금씩 다르며, 특히 숫자만으로 날짜를 표현할 때 각 나라의 관습에 따라 형식이 달라진다. 주로 사용하는 한국, 미국, 영국의 날짜 표현 방식은 다음과 같다.

한국 : 한국에서는 '연월일' 형식을 사용한다. 예를 들어, 2023년 1월 1일은 '2023년 1월 1일' 또는 숫자로만 '20230101'로 표현한다.

미국 : 미국에서는 '월일연' 형식을 사용한다. 예를 들어, 2023년 1월 1일은 'Jan 1, 2023' 또는 숫자로만 '01012023'로 표현한다.

영국 : 영국에서는 '일월연' 형식을 사용한다. 예를 들어, 2023년 1월 1일은 '1 Jan 2023' 또는 숫자로만 '01012023'로 표현한다.

PostgreSQL	ORACLE	결과
(한국) TO_CHAR(current_timestamp,'yyyy/mm/dd hh24:mi:ss')	TO_CHAR(sysdate,'yyyy/mm/dd hh24:mi:ss')	2021/10/26 09:54:27
(미국) TO_CHAR(current_timestamp,'mm/dd/yyyy hh24:mi:ss')	TO_CHAR(sysdate,'mm/dd/yyyy hh24:mi:ss')	10/26/2021 09:57:29
(영국) TO_CHAR(current_timestamp,'dd/mm/yyyy hh24:mi:ss')	TO_CHAR(sysdate,'dd/mm/yyyy hh24:mi:ss')	26/10/2021 09:57:45

미국과 영국에서 영문과 숫자를 혼용하여 날짜를 표현하는 형식은 특정 상황에서 유용할 수 있다. 이러한 형식을 사용할 때 주의해야 할 사항은 다음과 같다.

'Monthfmddth, yyyy' 형식

이 형식에서 Month는 월을 영문 9자리로 표현한다. 예를 들어, 1월은 January 로 표현되며, 뒤에 공백 두 칸이 생긴다. 공백을 한 칸으로 줄이고 싶다면, Month를 따로 구한 후 날짜의 나머지 부분과 붙이거나 두 칸인 공백을 한 칸으로 변경해야 한다.

'fmddth Monthyyyy' 형식

이 형식은 월을 영문으로 표현하지만, PostgreSQL과 달리 ORACLE에서는 월과 년 사이에 공백이 없다. 예를 들어, ORACLE에서 이 형식을 사용하면 '1st January2023'과 같이 월과 년이 붙어서 표현된다.

PostgreSQL	ORACLE	결과
미국식 영어 표기		
TO_CHAR(TO_DATE('20210101','yyyymmdd'), 'Monthfmddth, yyyy')	TO_CHAR(TO_DATE('20210101','yyyymmdd'), 'Monthfmddth, yyyy', 'nls_date_language=american')	January␣␣1st,␣2021
TO_CHAR(TO_DATE('20210101','yyyymmdd'), 'Mon fmddth, yyyy')	TO_CHAR(TO_DATE('20210101','yyyymmdd'), 'Mon fmddth, yyyy', 'nls_date_language=american')	Jan 1st, 2021
TO_CHAR(TO_DATE('20210101','yyyymmdd'), 'Mon fmdd, yyyy')	TO_CHAR(TO_DATE('20210101','yyyymmdd'), 'Mon fmdd, yyyy', 'nls_date_language=american')	Jan 1, 2021
영국식 영어 표기		
TO_CHAR(TO_DATE('20210101','yyyymmdd'), 'fmddth Monthyyyy')	TO_CHAR(TO_DATE('20210101','yyyymmdd'), 'fmddth Monthyyyy', 'nls_date_language=american')	1st January 2021 (오라클) 1st January2021
TO_CHAR(TO_DATE('20210101','yyyymmdd'), 'fmddth Mon yyyy')	TO_CHAR(TO_DATE('20210101','yyyymmdd'), 'fmddth Mon yyyy', 'nls_date_language=american')	1st Jan 2021
TO_CHAR(TO_DATE('20210101','yyyymmdd'), 'fmdd Mon yyyy')	TO_CHAR(TO_DATE('20210101','yyyymmdd'), 'fmdd Mon yyyy', 'nls_date_language=american')	1 Jan 2021

2.3.10. 일정 기간 이후 시각 구하기

현재를 기준으로 특정 기간 이후의 시각을 계산할 때 INTERVAL을 사용하며, ORACLE과 PostgreSQL에서 이를 다루는 방식에는 차이가 있다.

ORACLE

ORACLE에서는 INTERVAL 외에도 월 단위 기간 계산을 위한 ADD_MONTHS 함수를 제공한다. ADD_MONTHS 함수는 기준일이 월 말일일 때 특별한 처리를 수행한다. 예를 들어, 1월 31일에 한 달을 더하면 2월 말일(28일 혹은 29일)을 반환한다. INTERVAL을 사용하면 일 수만큼 정확히 더하기 때문에, 월 말일 처리가 다를 수 있다.

PostgreSQL

PostgreSQL도 ORACLE처럼 INTERVAL을 사용하여 시간을 더할 수 있다. 하지만, ORACLE의 ADD_MONTHS와 동일한 결과를 반환하는 함수는 지원하지 않으므로 ADD_MONTHS 함수와 동일한 결괏값을 만들려면 별도의 사용자 정의 함수를 사용해야 한다.

PostgreSQL	ORACLE	결과
current_timestamp + '1 year'::interval current_timestamp + '1 years'::interval current_timestamp + CONCAT(1,'year')::interval current_timestamp + CONCAT(1,'years')::interval	sysdate + INTERVAL '1' year add_months(sysdate,12)	1년 후 PostgreSQL은 포맷 지정에 단수, 복수를 모두 지원한다
current_timestamp + '1 month'::interval current_timestamp + '1 months'::interval current_timestamp + CONCAT(1,'month')::interval current_timestamp + CONCAT(1,'months')::interval	sysdate + INTERVAL '1' month add_months(sysdate,1)	1개월 후
current_timestamp + '1 day'::interval current_timestamp + '1 days'::interval current_timestamp + CONCAT(1,'day')::interval current_timestamp + CONCAT(1,'days')::interval	sysdate + INTERVAL '1' day sysdate + 1	1일 후
current_timestamp + '1 hour'::interval current_timestamp + '1 hours'::interval current_timestamp + CONCAT(1,'hour')::interval current_timestamp + CONCAT(1,'hours')::interval	sysdate + INTERVAL '1' hour sysdate + 1/24	1시간 후

current_timestamp + '1 minute'::interval current_timestamp + '1 minutes'::interval current_timestamp + CONCAT(1,'minute')::interval current_timestamp + CONCAT(1,'minutes')::interval	sysdate + INTERVAL '1' minuate sysdate + 1/24/60	1분 후
current_timestamp + '1 second'::interval current_timestamp + '1 seconds'::interval current_timestamp + CONCAT(1,'second')::interval current_timestamp + CONCAT(1,'seconds')::interval	sysdate + INTERVAL '1' second sysdate + 1/24/60	1초 후

PostgreSQL에서는 INTERVAL 키워드와 함께 다양한 표현 방식을 지원한다. 예를 들어, 한 달을 더하는 것은 다음과 같이 여러 방식으로 표현할 수 있다.

+ INTERVAL '1 month'

+ INTERVAL '1 months'

+ INTERVAL '1' month

+ INTERVAL '1' months

PostgreSQL에서 테이블의 칼럼 값을 기반으로 기간을 더하려면 'current_timestamp + CONCAT(칼럼 명, 'day')::interval' 형태를 쓸 수 있다. 하지만 ORACLE에서는 INTERVAL을 사용할 때 보다 엄격한 문법을 따른다. 한 달을 더하는 경우 ORACLE에서 지원하는 방식은 다음과 같다.

+ INTERVAL '1' month

INTERVAL과 ADD_MONTH의 결과 비교

INTERVAL과 오라클의 ADD_MONTHS 함수 간 결과 차이를 아래 표에 정리했으니 참고하기를 바란다.

기준일자	1/27	1/28	1/29	1/30	말일 1/31	2/27	말일 2/28	4/29	말일 4/30
PostgreSQL interval + 1개월 후	2/27	2/28	2/28	2/28	2/28	3/27	3/28	5/29	5/30
ORACLE interval + 1개월 후	2/27	2/28	에러	에러	에러	3/27	3/28	5/29	4/30
ORACLE add_months 1개월 후	2/27	2/28	2/28	2/28	2/28	3/27	3/31	5/29	5/30

2.3.11. 시각 값 자르기

특정 시각 데이터에서 원하는 단위(년,월,일 등)까지만 남기고 나머지를 제거해야 할 때 ORACLE에선 TRUNC 함수를 사용해서 이 작업을 하고, PostgreSQL에서는 DATE_TRUNC 함수를 사용한다. 예를 들어 PostgreSQL에서 특정 시각 데이터에서 연도까지만 남기고 싶다면 'DATE_TRUNC('year', timestamp_column)'을 사용한다. 이 경우 월, 일, 시, 분, 초는 제거되고 연도의 시작일(예: 1월 1일 00시 00분 00초)이 반환된다. 월 까지만 남기고 싶다면 'DATE_TRUNC('month', timestamp_column)'을 사용한다. 이 경우 일, 시, 분, 초는 제거되고 해당 월의 첫날이 반환된다. PostgreSQL에서 시간대가 있는 timestamp 타입을 쓰면 DATE_TRUNC 함수로 날짜나 시각 정보를 가공해도 시간대 정보는 남게 된다. 시간대 정보도 제거해야 할 때는 'DATE_TRUNC('year',current_timestamp)::date' 나 'TO_CHAR(DATE_TRUNC('year',current_timestamp),'yyyy-mm-dd hh24:mi:ss')'처럼 형 변환을 한 번 더 해야 한다.

* 현재시각 2021-09-03 03:05:07.738901+09 기준

PostgreSQL	결과	오라클	결과
DATE_TRUNC('year',current_timestamp)	2021-01-01 00:00:00+09	TRUNC(sysdate,'yyyy') TRUNC(sysdate,'year')	2021-01-01 00:00:00
DATE_TRUNC('month',current_timestamp)	2021-09-01 00:00:00+09	TRUNC(sysdate,'mm') TRUNC(sysdate,'month')	2021-09-01 00:00:00
DATE_TRUNC('day',current_timestamp)	2021-09-03 00:00:00+09	TRUNC(sysdate,'dd')	2021-09-03 00:00:00
DATE_TRUNC('hour',current_timestamp)	2021-09-03 03:00:00+09	TRUNC(sysdate,'hh24')	2021-09-03 03:00:00
DATE_TRUNC('minute',current_timestamp)	2021-09-03 03:05:00+09	TRUNC(sysdate,'mi')	2021-09-03 03:05:00
DATE_TRUNC('second',current_timestamp)	2021-09-03 03:05:07+09	sysdate	2021-09-03 03:05:07

2.3.12. 시각 값에서 특정 부분 추출하기

특정 시각 값에서 연도나 일자와 같은 특정 부분만 추출하는 경우, ORACLE과 PostgreSQL에서는 다음과 같은 함수를 사용할 수 있다.

ORACLE

TO_CHAR : 시각 데이터에서 원하는 부분을 문자열 형태로 추출한다. 예를 들어, 'TO_CHAR(date_column, 'YYYY')'는 date_column 값에서 연도를 문자열 형태로 반환한다.

EXTRACT : 시각 데이터에서 특정 필드(년, 월, 일 등)를 숫자로 추출한다. 예를 들어, 'EXTRACT(year FROM date_column)'는 date_column 값에서 연도를 **숫자 형태**로 반환한다.

PostgreSQL

TO_CHAR : ORACLE과 유사하게 시각 데이터에서 원하는 부분을 문자열 형태로 추출한다. 예를 들어, 'TO_CHAR(timestamp_column, 'YYYY')'는 timestamp_column 값에서 연도를 문자열 형태로 반환한다.

EXTRACT : ORACLE의 EXTRACT 함수와 유사하게 작동한다. 예를 들어, 'EXTRACT(year FROM timestamp_column)'는 timestamp 칼럼 값에서 연도를 숫자 형태로 반환한다.

DATE_PART : EXTRACT와 유사하지만, 문자열 리터럴로 필드 이름을 지정한다. 예를 들어, 'DATE_PART('year', timestamp_column)'은 연도를 숫자 형태로 반환한다.

* 현재시각 2021-09-03 03:05:07.738901+09 기준

PostgreSQL	결과	오라클	결과	비고
현재시각 2021-09-03 03:05:07.738901+09 기준				
TO_CHAR(current_timestamp,'yyyy') EXTRACT(year FROM current_timestamp) DATE_PART('year',current_timestamp)	2021	TO_CHAR(sysdate,'yyyy') EXTRACT(year FROM sysdate)	2021	년도 데이터 추출
TO_CHAR(current_timestamp,'mm')	09	TO_CHAR(sysdate,'mm')	09	월 데이터 추출
EXTRACT(month FROM current_timestamp) DATE_PART('month',current_timestamp)	9	EXTRACT(month FROM sysdate)	9	
TO_CHAR(current_timestamp,'dd')	03	TO_CHAR(sysdate,'dd')	03	일 데이터 추출
EXTRACT(day FROM current_timestamp) DATE_PART('day',current_timestamp)	3	EXTRACT(day FROM sysdate)	3	
TO_CHAR(current_timestamp,'hh24')	03	TO_CHAR(sysdate,'hh24')	03	시 데이터 추출
EXTRACT(hour FROM current_timestamp) DATE_PART('hour',current_timestamp)	3	EXTRACT(hour FROM localtimestamp)	3	

ORACLE에서 EXTRACT 함수를 사용하여 시간, 분, 초 데이터를 추출할 때는 몇 가지 주의 사항이 있다.

1. EXTRACT 함수를 사용할 때, 변환할 값의 데이터 타입은 TIMESTAMP이어야 한다.
2. 'EXTRACT(hour FROM systimestamp)'를 사용하면 현재 시각에서 시간대를 반영한 시간(시)을 추출한다. 예를 들어, 현재 시각이 17시이고 시간대가 +9라면, 'EXTRACT(hour FROM systimestamp)'의 결과는 '8'(17-9)이다. 만약 시간대를 반영하지 않은 값을 원할 때는 systimestamp대신 localtimestamp를 사용해야 한다. 현재 시각이 17시이고 시간대가 +9일 때 'EXTRACT(hour FROM localtimestamp)'의 결과는 8이 아니라 17이다. 참고로 'EXTRACT(hour FROM CAST('20210903170507.738901' AS timestamp))'처럼 직접 문자로 지정해도 17이 결과로 나온다.

PostgreSQL	결과	오라클	결과	비고
TO_CHAR(current_timestamp,'mi')	05	TO_CHAR(sysdate,'mi')	05	분 데이터 추출
EXTRACT(minute FROM current_timestamp) DATE_PART('minute',current_timestamp)	5	EXTRACT(minute FROM systimestamp)	5	분 데이터 추출
TO_CHAR(current_timestamp,'ss')	07	TO_CHAR(sysdate,'ss')	07	초 데이터 추출

EXTRACT(second FROM
      DATE_TRUNC('second'
           ,current_timestamp))
DATE_PART('second',
      DATE_TRUNC('second'
           ,current_timestamp))
	7	TRUNC(EXTRACT(second FROM systimestamp))	7	초 데이터 추출
				(초 이하 제거)

EXTRACT(second FROM
      current_timestamp::time(0))
DATE_PART('second'
      ,current_timestamp::time(0))
	8	ROUND(EXTRACT(second FROM systimestamp))	8	초 데이터 추출
				(초 이하 반올림)

EXTRACT(second FROM current_timestamp) DATE_PART('second',current_timestamp)	7.738901	EXTRACT(second FROM systimestamp)	7.738	초 이하 단위 표시

2.3.13. 일자간 차이 구하기

PostgreSQL에서 날짜 값 간의 연산은 ORACLE과 유사하게 두 날짜 간의 차이를 나타내는 값을 반환한다. 그러므로 PostgreSQL에서 두 날짜 간의 차이를 계산하려면, 간단하게 두 날짜 값을 빼면 된다.

PostgreSQL	결과	오라클	결과
SELECT '20210329'::date - '20200228'::date	395	SELECT TO_DATE('20210329','yyyymmdd') - TO_DATE('20200228','yyyymmdd') FROM dual	395

PostgreSQL에서는 날짜 및 시간 값 간의 연산은 일자와 시간을 분리해서 보여준다. 예를 들어, 'TIMESTAMP '2023-01-02 12:00:00'-TIMESTAMP '2023-01-01 00:00:00'' 연산을 수행하면, 결과는 1일 12시간으로 반환된다. 하지만 ORACLE에서는 날짜 간의 연산 결과가 일 단위로 환산되어 나타난다. 즉, 'TO_DATE('2023-01-02 12:00:00', 'YYYY-MM-DD HH24:MI:SS')-('2023-01-01 00:00:00', 'YYYY-MM-DD HH24:MI:SS')'를 ORACLE에서 수행하면, 결과는 1.5일(1일 12시간을 일 단위로 환산)'로 나타난다. 따라서 데이터베이스 간에 시스템을 전환하거나 두 시스템 간의 데이터를 비교, 분석할 때 주의가 필요하다.

PostgreSQL	결과
SELECT '20210329 100000'::timestamp - '20200228 000000'::timestamp	395 days 10:00:00

오라클	결과
SELECT TO_DATE('20210329100000','yyyymmddhh24miss') - TO_DATE('20200228000000','yyyymmddhh24miss')	395.416···

PostgreSQL에서 AGE 함수는 두 날짜 간의 차이를 년,월,일 단위로 계산하여 반환한다. DATE 및 TIMESTAMP 데이터 타입 모두에서 사용할 수 있으며, INTERVAL 타입의 결과를 반환한다. AGE 함수는 시간 단위의 차이(시,분,초)를 고려하지 않고 날짜 간의 차이만을 고려한다. 이 함수는 날짜 간의 긴 기간의 차이를 쉽게 이해하고 표현하는 데 유용하다.

PostgreSQL	결과
SELECT AGE('2021-03-29 10:10:10'::date, '2020-02-28 00:00:00'::date)	1 year 1 mon 1 day
SELECT AGE('2021-03-29 03:05:07.738'::timestamp, '2020-02-28 03:05:07.738'::timestamp)	1 year 1 mon 1 day

PostgreSQL과 ORACLE에서 날짜 간의 차이를 구하는 방법을 비교한 예시를 아래 표 형식으로 제공하니 SQL 개발에 참고하기 바란다.

구분	PostgreSQL	결과
년 단위 차이	DATE_PART('year','20210329'::date) - DATE_PART('year','20200228'::date)	1
년 단위 차이	EXTRACT(year FROM AGE('20210329'::date,'20200228'::date))	1
월 단위 차이	(DATE_PART('year', '20210329'::date) - DATE_PART('year', '20200228'::date))*12 + (DATE_PART('month', '20210329'::date) - DATE_PART('month', '20200228'::date))	13
일 단위 차이	('20210329'::date) - ('20200228'::date)	395
일 단위 차이	DATE_PART('day','20210329'::timestamp - '20200228'::timestamp)	395
일 단위 차이	EXTRACT('day' FROM '20210329'::timestamp - '20200228'::timestamp)	395
주 단위 차이	FLOOR(DATE_PART('day','20210329'::timestamp - '20200228'::timestamp)/7)	56
시간 단위 차이	DATE_PART('day','20210329 111111'::timestamp - '20210328 101010'::timestamp) * 24 + DATE_PART('hour', '20210329 111111'::timestamp - '20210328 101010'::timestamp)	25
분 단위 차이	DATE_PART('day','20210329 111111'::timestamp - '20210329 101010'::timestamp) * 24 + DATE_PART('hour', '20210329 111111'::timestamp - '20210329 101010'::timestamp) * 60 + DATE_PART('minute', '20210329 111111'::timestamp - '20210329 101010'::timestamp)	61

구분		결과
초 단위 차이	DATE_PART('day','20210329 101112'::timestamp - '20210329 101010'::timestamp) * 24 + DATE_PART('hour', '20210329 101112'::timestamp - '20210329 101010'::timestamp) * 60 + DATE_PART('minute', '20210329 101112'::timestamp - '20210329 101010'::timestamp) * 60 + DATE_PART('second', '20210329 101112'::timestamp - '20210329 101010'::timestamp)	62
초 단위 차이	EXTRACT(epoch FROM '20210329 101112'::timestamp - '20210329 101010'::timestamp)::numeric	62

구분	오라클	결과
년 단위 차이	FLOOR((TO_DATE('20210329','yyyymmdd')-TO_DATE('20200228','yyyymmdd'))/365)	1
년 단위 차이	EXTRACT(year FROM TO_DATE('20210329','yyyymmdd')) - EXTRACT(year FROM TO_DATE('20200228','yyyymmdd'))	1
년 단위 차이	FLOOR(MONTHS_BETWEEN(TO_DATE('20210329','yyyymmdd'),TO_DATE('20200228','yyyymmdd'))/12)	1
월 단위 차이	FLOOR(MONTHS_BETWEEN(TO_DATE('20210329','yyyymmdd'),TO_DATE('20200228','yyyymmdd')))	13
월 단위 차이	(EXTRACT(year FROM TO_DATE('20210329','yyyymmdd')) - EXTRACT(year FROM TO_DATE('20200228','yyyymmdd'))) * 12 + (EXTRACT(month FROM TO_DATE('20210329','yyyymmdd')) - EXTRACT(month FROM TO_DATE('20200228','yyyymmdd')))	13
일 단위 차이	TO_DATE('2021-03-29','yyyy-mm-dd') - TO_DATE('2020-02-28','yyyy-mm-dd')	395
일 단위 차이	EXTRACT(day FROM TO_TIMESTAMP('2021-03-29','yyyy-mm-dd') - TO_TIMESTAMP('2020-02-28','yyyy-mm-dd'))	395
주 단위 차이	FLOOR((TO_DATE('20210329','yyyymmdd') - TO_DATE('20200228','yyyymmdd'))/7)	56
시간 단위 차이	FLOOR((TO_DATE('20210329 111111','yyyymmdd hh24miss') - TO_DATE('20210328 101010','yyyymmdd hh24miss'))*24)	25
분 단위 차이	FLOOR((TO_DATE('20210329 111111','yyyymmdd hh24miss') - TO_DATE('20210329 101010','yyyymmdd hh24miss'))*24*60)	61

ORACLE에서 초 단위 차이 계산

다음 쿼리는 두 일자 간의 차이를 초로 환산한 후, ROUND 함수를 사용해 가장 가까운 정수로 반올림한다. 다음 예시에서는 1분 2초의 차이가 있으므로, 결과는 62초다. 다른 단위(예: 일, 월, 년)의 차이를 구할 때는 FLOOR나 TRUNC 함수를 사용할 수도 있지만, 초 단위 차이를 구할 때는 소수점 이하의 값(예: 61.999…)으로 인해 발생할 수 있는 오차가 있으므로 ROUND를 사용해야 한다.

구분	오라클	결과
초 단위 차이	ROUND((TO_DATE('20210329 101112','yyyymmdd hh24miss') - TO_DATE('20210329 101010','yyyymmdd hh24miss'))*24*60*60)	62

오라클의 MONTHS_BETWEEN 함수 변환

ORACLE의 MONTHS_BETWEEN 함수는 두 일자 간의 차이를 월 단위로 계산하여 소수점 단위로 결과를 반환한다. 이 함수는 특히 월 말일 계산에 주의가 필요하며, PostgreSQL에서는 이와 동일한 기능을 가진 내장 함수가 없다. 따라서, ORACLE의 MONTHS_BETWEEN 함수와 유사한 기능을 PostgreSQL에서 구현하려면 사용자 정의 함수를 만들어 사용해야 한다. ORACLE의 MONTHS_BETWEEN 함수는 월말 계산에 주의해야 한다. MONTHS_BETWEEN 함수에서 2월의 말일인 2월28일과 4월의 말일인 4월 30일의 MONTHS_BETWEEN 결과는 두 일자 모두 말일이므로 2다. 2월 28일과 4월 29일의 결과는 2.03이다. 2개월에 하루를 더한 값인데 하루를 월로 환산 할 때는 31을 기준으로 쓴다. 즉, 2+(1/31)로 계산해서 2.03이 나온 것이다. 4월 30일에서 4월 29일로 기간은 하루가 줄어드는데 값은 늘어난다. 다시 하루를 더 줄여서 2월 28일과 4월 28일을 계산하면 결과가 다시 2가 나온다. 'MONTHS_BETWEEN(:to_dt, :fm_dt)'로 쓸 때 소수점 값을 구하는 로직은 다음과 같다.

1. fm_dt가 월 말일이고 to_dt의 일자가 fm_dt의 일자와 같으면 0.
2. fm_dt와 to_dt가 모두 월 말일이면 0.
3. 위 조건이 아니라면, to_dt의 일자 − fm_dt의 일자를 31로 나눈 값을 월 차이값에 더한다. 위 로직을 PostgreSQL에서 구현하면 아래와 같다.

```
SELECT (DATE_PART('year',:to_dt::date) - DATE_PART('year',:fm_dt::date)) * 12 +
       (DATE_PART('month',:to_dt::date) - DATE_PART('month',:fm_dt::date)) +
       CASE WHEN EXTRACT(day FROM :fm_dt::date) =
                 EXTRACT(day FROM (DATE_TRUNC('month', :fm_dt::date) + INTERVAL '1 month - 1 day')::date)
            THEN CASE WHEN(EXTRACT(day FROM :to_dt::date) =
                           EXTRACT(day FROM(DATE_TRUNC('month', :to_dt::date) + INTERVAL '1 month-1 day')::date)
                           or
                           EXTRACT(day FROM :fm_dt::date) = EXTRACT(day FROM :to_dt::date)
                          ) THEN 0
                     ELSE (EXTRACT(day FROM :to_dt::date) - EXTRACT(day FROM :fm_dt::date))/31
                 END
            ELSE (EXTRACT(day FROM :to_dt::date) - EXTRACT(day FROM :fm_dt::date))/31
       END
```

2.3.14. 입력 일 이후 특정 요일인 첫번째 일자 구하기

ORACLE과 PostgreSQL에서 입력된 일자 이후에 특정 요일이 처음으로 나타나는 날짜를 구하는 방법에 차이가 있다.

> **ORACLE**
>
> ORACLE에서는 NEXT_DAY 함수를 사용하여 입력된 일자 이후의 특정 요일을 구할 수 있다. NEXT_DAY 함수는 두 개의 인자를 받는데 첫 번째 인자는 기준 일자, 두 번째 인자는 요일을 나타내는 숫자다. 숫자 값은 일요일부터 시작해서 1에서 7까지 증가한다(1:일요일, 2: 월요일, … 7:토요일).

> **PostgreSQL**
>
> PostgreSQL에는 ORACLE의 NEXT_DAY와 동일한 기능을 하는 내장 함수가 없다. 불편하지만 EXTRACT, NULLIF, COALESCE 함수를 사용해서 직접 구현해야 한다.

PostgreSQL
PostgreSQL에서 NULLIF 뒤에 있는 0이 일요일을 의미하며 요일이 커질수록 숫자도 커져서 다음 토요일을 구할 때는 6을 쓴다.
(다음 일요일) current_timestamp::date + COALESCE(NULLIF((0 + 7 - EXTRACT(dow FROM current_timestamp))::integer%7, 0),7)
오라클
NEXT_DAY 함수에서 두번째 인자값이 1이면 일요일을 의미하고 요일이 커질수록 숫자도 커져서 다음 토요일을 구할 때는 7을 쓴다.
(다음 일요일) TRUNC(NEXT_DAY(sysdate,1))

2.3.15. 테이블에서 일자 단위 데이터 조회 예시

SQL을 작성하다 보면 테이블에서 특정 일자 범위에 해당하는 데이터를 읽어야 할 일이 자주 있다. PostgreSQL에서 특정 일자나 특정 일자 범위 데이터를 읽는 예시 SQL을 아래 표에 정리했으니 SQL 작성에 참고하기 바란다.

구분	PostgreSQL
date칼럼 1일치 조회 (date_col 칼럼은 date 타입)	SELECT * FROM test_table WHERE date_col = '20210902'::date
date 칼럼 1개월 조회 (9월 데이터 예시)	SELECT * FROM test_table WHERE date_col >= '20210902'::date AND date_col < '20210902'::date + INTERVAL '1 month'
timestamp(0) without time zone 1일치 조회	SELECT * FROM test_table WHERE cre_dt >= '20210901'::timestamp AND cre_dt < '20210901'::timestamp + INTERVAL '1 day'
timestamp(0) without time zone 1개월 조회 (9월 데이터 예시)	SELECT * FROM test_table WHERE cre_dt >= '20210902'::timestamp AND cre_dt < '20210902'::timestamp + INTERVAL '1 month'

2.4. 변환 함수

ORACLE만 사용하다가 PostgreSQL을 사용하게 되면, 형 변환과 관련된 오류를 자주 경험하게 될 것이다. 이것은 PostgreSQL이 ORACLE에 비해 자동으로 데이터 타입을 필요한 형식으로 변경하는 묵시적 형 변환을 더 적게 하기 때문이다. PostgreSQL에서는 명시적 형 변환을 해야 해서 ORACLE에 비해 SQL이 길어지는 단점이 있지만, 작성자가 원하는 타입으로 계산하므로 예상치 못한 결괏값 오류를 사전에 방지할 수 있는 장점도 있다.

2.4.1. 형 변환 방법

PostgreSQL에서 형 변환을 하는 세 가지 방법이 있다. 첫 번째는 ANSI SQL 표준인 CAST 함수를 사용하는 것이다. CAST 함수는 CAST(표현식 AS 변경할 타입) 형태로 쓴다. 예를 들어, 문자열을 정수로 변환하고자 할 때는 'CAST('123' AS INTEGER)' 이렇게 쓰고 정수를 문자열로 변환할 때는 'CAST(123 AS VARCHAR)' 이렇게 쓴다. 이 방법은 ANSI SQL로 ORACLE에서도 사용할 수 있다.

```sql
SELECT CAST('20220518' AS timestamp) AS ts
     , CAST('20220518' AS date) AS dt
     , CAST('1.1' AS numeric) AS num
     , CAST('1.1' AS double precision) AS dbl
```

PostgreSQL에서 형 변환을 하는 두 번째 방법은 '::' 연산자를 이용하는 것이다(표현식::타입 형태). 이 방법은 CAST 함수 사용에 비해 SQL을 간결하게 만들 수 있지만 CAST 함수나 다음에 보게 될 함수형 형 변환과 달리 오라클에선 사용할 수 없다. 만약 문자열을 정수로 변환한다면 "'123'::INTEGER' 이런 형식으로 쓰면 된다.

```sql
SELECT '20220518'::timestamp AS ts
     , '20220518'::date AS dt
     , '1.1'::numeric AS num
     , '1.1'::double precision AS dbl
```

PostgreSQL에서 세 번째 형 변환 방법은 함수형 형 변환(function-like syntax)을 사용하는 것이다. 이 방법은 특정 데이터 타입의 이름을 함수처럼 사용하며, 유효한 유형에 대해서만 작동한다. '데이터타입 '표현식'' 형태로 쓴다. 만약, '2023-01-01' 문자열을 date 타입으로 변경하려면 'date '2023-01-01'' 형식으로 쓴다. 이 방법은 항상 작동하는 것이 아니라 권고하는 방법은 아니다.

```sql
SELECT numeric '12.34'
     , float8 '12.34'
  --, numeric('12.34') --> 에러
     , float8('12.34')
     , timestamp '20220518'
  --, timestamp('20220518') --> 에러
```

::date 사용시 기본 포맷

::date의 기본 포맷은 postgresql.conf 파일을 참고하며 아래 SQL로 postgresql.conf 파일 위치를 확인할 수 있다.

```
postgres=# SELECT name
                , setting
           FROM   pg_settings
           WHERE  name = 'config_file' ;
```

name	setting
config_file	/u01/pgdata/dbclust1/PostgreSQL.conf

PostgreSQL.conf 파일에 보면 기본 세팅값이 있다. 다음은 파일 내용 중 일부를 발췌한 것이다.
--[파일 내용 중 일부 발췌]--
- Locale and Formatting -
datestyle = 'iso, mdy'
#intervalstyle = 'postgres'
timezone = 'Asia/Seoul'

현재 세팅을 조회하면 아래와 같다.

```
postgres=# show datestyle;
DateStyle
-----------
ISO, MDY
```

현재 세션은 기본 세팅 상태를 그대로 쓰는 것을 확인할 수 있다. datestyle의 의미는 아래와 같다.

스타일사양	Description	예시
ISO	ISO 8601/SQL standard	1997-12-17 07:37:16-08
SQL	traditional style	12/17/1997 07:37:16.00 PST
POSTGRES	original style	Wed Dec 17 07:37:16 1997 PST
German	regional style	17.12.1997 07:37:16.00 PST

현재 ISO, MDY 적용 상태이므로 ::date로 변환할 문자열을 MDY 형태로 입력해야 하며 결과는 ISO 8601을 따라서 연월일 순서로 보여준다. 그래서 '02-01-2023'::date'나 '02/01/2023'::date' 처럼 입력해야 결과가 나온다.

```
postgres=# SELECT '02-01-2023'::date ;
    date
------------
 2023-02-01
postgres=# SELECT '02/01/2023'::date ;
    date
------------
 2023-02-01
```

만약 구분자 없이 문자열을 입력하면 오류가 발생한다.

```
postgres=# SELECT '02012023'::date ;
ERROR: date/time field value out of range: "02012023"
```

ISO 날짜 형식인 'yyyy-mm-dd' 포맷은 세션 설정과 관계없이 항상 인식할 수 있으며 구분자가 없어도 인식한다.

```
postgres=# SELECT '20230201'::date ;
    date
------------
 2023-02-01

postgres=# SELECT '2023-02-01'::date ;
    date
------------
 2023-02-01

postgres=# SELECT '2023/02/01'::date ;
    date
------------
 2023-02-01
```

2.4.2. TO_CHAR(숫자를 문자로 변경)

PostgreSQL에서 숫자를 문자열로 변환하기 위해 사용되는 TO_CHAR 함수는 ORACLE에서의 사용법과 유사하다. 이 함수를 통해 숫자를 문자열로 변환할 때, 포맷 지정에 '0' 또는 '9'를 사용한다. 여기서 '0'은 해당 자리에 숫자가 없으면 '0'으로 채우라는 것을 의미하며, '9'는 숫자가 없을 시 해당 자리를 공백으로 두라는 것을 나타낸다. 천 단위 구분자를 나타내기 위해서는 'G'(group separator)나 ','를, 소수점을 표시하기 위해서는 'D'(decimal point)나 '.'를 사용한다.

숫자를 문자열로 변환하는 과정에서 음수와 양수를 구분할 필요가 있다. 음수는 '-' 기호로 명확히 구분되지만, 양수를 변환할 경우 기호가 없어 앞쪽에 공백이 생긴다. 이는 SUBSTR 등의 문자열 처리 함수를 사용할 때 예상치 못한 결과를 초래할 수 있다. 양수에 대해 음수와 양수를 구분하는 기호를 위한 앞쪽 공백을 제거하고자 할 경우에는 'fm' 포맷을 사용해야 한다.

PostgreSQL, 오라클	결과	비고
TO_CHAR(12345.78,'000G000D000')	˽012,345.780	앞에 빈칸 하나 있음.
TO_CHAR(12345.78,'000,000.000')	˽012,345.780	앞에 빈칸 하나 있음.
TO_CHAR(12345.78,'999G999D999')	˽˽12,345.780	앞에 빈칸 두개 있음.
TO_CHAR(12345.78,'999,999.999')	˽˽12,345.780	앞에 빈칸 두개 있음.
TO_CHAR(12345.78,'fm000G000D000')	012,345.780	
TO_CHAR(12345.78,'fm000,000.000')	012,345.780	
TO_CHAR(12345.78,'fm999G999D999')	12,345.78	
TO_CHAR(12345.78,'fm999,999.999')	12,345.78	

2.4.3. TO_CHAR(일자를 문자로 변경)

PostgreSQL에서 일자를 문자열로 변환할 때는 TO_CHAR 함수를 활용한다. 이는 날짜 함수에서 이미 언급된 내용이지만, 자주 사용하는 것만 이 장에서 다시 소개 한다. 더욱 상세한 정보는 날짜 함수 부분에서 확인할 수 있다. 실제로 TO_CHAR 함수를 사용하면, 날짜를 다양한 형식의 문자열로 변환할 수 있다. 예를 들어, 'YYYY-MM-DD' 형식으로 출력하거나, 요일을 포함한 형식으로 변환하는 것이 가능하다. 이때, 'YYYY'는 연도를, 'MM'은 월을, 'DD'는 일을 나타낸다. 아래 표에 있는 SQL의 실행 결과는 현재 일자에 따라 달라질 수 있다.

PostgreSQL	ORACLE	결과	비고
TO_CHAR(current_timestamp,'Day')	TO_CHAR(sysdate,'Day')	Tuesday	day는 모두 소문자로, DAY는 모두 대문자로 표시함.
TO_CHAR(current_timestamp,'D')	TO_CHAR(sysdate,'D')	3	일요일은1, 토요일은7
EXTRACT(dow FROM current_timestamp::date)	지원안함	2	일요일은0, 토요일은6

PostgreSQL	ORACLE	결과	비고
TO_CHAR(current_timestamp,'yyyy/mm/dd hh24:mi:ss')	TO_CHAR(sysdate,'yyyy/mm/dd hh24:mi:ss')	2021/10/26 09:54:27	한국 (년월일)
TO_CHAR(current_timestamp,'mm/dd/yyyy hh24:mi:ss')	TO_CHAR(sysdate,'mm/dd/yyyy hh24:mi:ss')	10/26/2021 09:57:29	미국 (월일년)
TO_CHAR(current_timestamp,'dd/mm/yyyy hh24:mi:ss')	TO_CHAR(sysdate,'dd/mm/yyyy hh24:mi:ss')	26/10/2021 09:57:45	영국 (일월년)

2.4.4. TO_NUMBER(문자를 숫자로 변경)

문자열을 숫자로 변환할 때 PostgreSQL과 ORACLE 모두 TO_NUMBER 함수를 사용한다. 이 함수는 두 개의 인자를 받는데 첫 번째 인자는 변환하고자 하는 문자열이고, 두 번째 인자는 변환할 때 적용할 형식을 지정하는 것이다. 예를 들어, 문자열 '1234.56'을 숫자로 변환하려면 'TO_NUMBER('1234.56', '9999.99')'와 같이 사용 한다. 이때 '9999.99'는 포맷 문자열이며, 이 형식에 따라 문자열을 숫자로 변환한다. PostgreSQL에서는 오라클과 달리 문자열에 천 단위 구분 기호(,)나 소수점(.)이 없을 때도 변환 포맷을 명시해야 한다. 오라클에서는 포맷을 생략할 수 있지만, PostgreSQL에서는 반드시 포맷을 지정해야 하는 차이가 있다. 이는 PostgreSQL이 데이터 타입 변환에 있어서 보다 엄격한 규칙을 적용한다는 것을 시사한다.

PostgreSQL	결과	ORACLE	결과
TO_NUMBER('12345.67')	에러	TO_NUMBER('12345.67')	12345.67
TO_NUMBER('12345')	에러	TO_NUMBER('12345')	12345

반면에 ',' 기호가 포함된 문자열을 숫자로 변환하는 것은 ORACLE에 비해 PostgreSQL이 좀 더 유연하다. PostgreSQL은 ','가 포함된 다양한 형식의 문자열을 수용할 수 있으므로, 사용자는 더욱 넓은 범위의 데이터 형식을 활용할 수 있다. 그러나 ORACLE에서는 포맷 지정에 있어서 더 엄격한 규칙을 따른다. 포맷에 '0'을 사용하면 입력값과 포맷의 자릿수가 정확히 일치해야 한다. '9'를 사용할 때도 입력값에 ','가 포함되어 있다면 포맷에도 ','가 있어야 한다. 이는 ORACLE에서 데이터 변환 시 주의를 요구하는 부분이다. PostgreSQL의 유연성에도 불구하고, 잘못된 결과를 방지하고 변환 과정에서 발생할 수 있는 오류를 최소화하기 위해 포맷 지정시 자릿수를 여유롭게 설정하는 것이 좋다.

PostgreSQL	PostgreSQL결과	오라클결과	비고
TO_NUMBER('12,345.67','99,999.99')	12345.67	12345.67	
TO_NUMBER('12,345.67','00,000.00')	12345.67	12345.67	
TO_NUMBER('12345.67','99,999.99')	12345.67	에러	
TO_NUMBER('12345.67','99999.99')	12345.67	12345.67	
TO_NUMBER('12,345.67','999,999.999')	12345.67	12345.67	
TO_NUMBER('12,345.67','000,000.000')	12345.67	에러	

TO_NUMBER('12,345.67','99999')	1234	에러	PostgreSQL에서 결과가 1234임에 주의 필요
TO_NUMBER('12,345.67','99,999')	12345	에러	
TO_NUMBER('12,345.67','999.99')	에러	에러	
TO_NUMBER('12,345','99')	12	에러	

PostgreSQL에서 천 단위 구분기호가 없는 문자열을 숫자로 변환할 때, TO_NUMBER 함수 대신 '::' 연산자를 사용해 포맷 지정 없이 변환하는 방법이 있다. '::' 연산자는 PostgreSQL에서 제공하는 강력한 기능 중 하나로, 데이터 타입을 쉽게 변환할 수 있게 해 준다. 하지만 이 방법은 문자열 형식이 숫자로 변환할 수 있는 형태가 아니면 오류가 발생할 수 있다는 점에 유의해야 한다. 예를 들어, 문자열에 알파벳이나 특수 문자가 포함되어 있으면 '::' 연산자를 통한 변환은 실패한다.

PostgreSQL	결과
'12345'::integer	12345
'12345.67'::numeric	12345.67
'123*45'::integer	에러
'1234A.67'::numeric	에러

2.4.5. TO_DATE(문자를 시각으로 변경)

TO_DATE 함수 관련 내용은 날짜 함수 부분을 참고할 것.

2.4.6. NULLIF

NULLIF 함수는 첫 번째 인자값이 두 번째 인자값과 같으면 null을 반환하고, 그렇지 않으면 첫 번째 인자값을 반환한다. ORACLE과 PostgreSQL 모두에서 사용할 수 있으며 동작 방식도 같다.

PostgreSQL	ORACLE	결과
SELECT NULLIF(c1, 'A')	SELECT NULLIF(c1, 'A') FROM dual	c1 칼럼값이 'A'면 null로 치환.

2.4.7. NVL과 NVL2

ORACLE의 NVL 함수는 PostgreSQL에서 COALESCE 함수를 이용하면 되지만, ORACLE의 NVL2함수는 PostgreSQL에 대응하는 함수가 없어서 CASE 문장으로 변경해야 한다.

ORACLE

NVL 함수 : 'NVL(인자값, 인자값이 null일 때 변경할 값)' 형태로 사용하며, 주어진 인자값이 null일 경우 두 번째 인자값을 반환한다. 만약 인자값이 null이 아니면 첫 번째 인자값을 그대로 반환한다.

NVL2 함수 : 'NVL2(인자값, 인자값이 null이 아니면 변경할 값, 인자값이 null일 때 변경할 값)' 형태로 사용된다. 이 함수는 주어진 인자값이 null이 아니면 두 번째 인자값을 반환하고, 인자값이 null일 때는 세 번째 인자값을 반환한다.

PostgreSQL

COALESCE 함수 : 'COALESCE(인자값 1, 인자값 2, ...)' 형태로 사용되며, 제공된 인자값 중 null이 아닌 첫 번째 값을 반환한다. 따라서, 인자값을 두 개만 사용하면 ORACLE의 NVL 함수와 같은 결과를 보여준다. PostgreSQL은 NVL2 함수에 직접 대응하는 함수가 없으므로, NVL2 함수와 같은 기능을 구현하기 위해서는 'CASE' 문을 사용해야 한다.

오라클	PostgreSQL	결과
NVL('A','Not null')	COALESCE('A','Not null')	A
NVL(null,'Null')	COALESCE(null,'Null')	Null
NVL2('A','Not null','Null')	CASE WHEN 'A' is not null THEN 'Not null' ELSE 'Null' END	Not null
NVL2(null,'Not null','Null')	CASE WHEN null is not null THEN 'Not Null' ELSE 'Null' END	Null

2.5. ARRAY 관련 함수와 조회 방법

PostgreSQL은 딕셔너리 테이블에 ARRAY 칼럼을 사용할 정도로 ARRAY 칼럼을 적극적으로 활용한다. ORACLE만 사용해 온 사람에게는 PostgreSQL의 ARRAY 사용법이 다소 생소할 수 있지만, PostgreSQL에서는 ARRAY 기능을 빈번하게 사용하므로 이에 대한 이해가 중요하다.

2.5.1. ARRAY 데이터 생성과 기본 이해하기

PostgreSQL에서 배열 데이터를 생성할 때는 ARRAY 구문을 사용하고, 대괄호 '[ ]' 사이에 원하는 값을 넣는다. 예를 들어, 정수 배열을 만들 때는 'ARRAY[1,2,3,4]'와 같이 표현한다. 이 방법은 PostgreSQL에서 다양한 데이터 유형의 배열을 간편하게 구성할 수 있는 방법이다. 'ARRAY['1','2']'는 1과 2 두 개의 값을 가진 1차원 배열이다. (이해를 쉽게 하기 위해 두 개의 row가 있는 것으로도 생각할 수 있다.) 반면, 'ARRAY['1,2']'는 '1,2'라는 하나의 문자열 값을 가진 1차원 배열이다.

PostgreSQL	결과
SELECT ARRAY['1','2']	{1,2}
SELECT ARRAY['1,2']	{"1,2"}

배열의 차원에 대해서도 이해해야 한다. 1차원 배열은 세로축(y)을, 2차원 배열은 가로축(x)을, 3차원 배열은 깊이(z)를 나타낸다. 배열의 차원을 알아보려면 ARRAY_NDIMS 함수를 사용한다. '1,3,5'로 구성된 배열은 1차원 array이므로, ARRAY_NDIMS를 사용해 차원을 확인하면 결괏값은 1이 된다.

PostgreSQL	결과
SELECT ARRAY_NDIMS(c1) FROM (SELECT ARRAY[1,3,5] AS c1) t1	1

2차원 array는 x축이 더 생긴 것으로서 칼럼이 더 생겼다고 보면 된다.

PostgreSQL	결과
SELECT ARRAY[[1,2],[3,4],[5,6]] AS c1	{{1,2},{3,4},{5,6}}
SELECT ARRAY_NDIMS(c1) FROM (SELECT ARRAY[[1,2],[3,4],[5,6]] AS c1) t1	2

2.5.2. ARRAY에서 특정 데이터 추출하기

배열에서 특정 데이터를 추출할 때 대괄호 '[ ]' 안에 원하는 위치를 적는다. 1차원 배열에서 [1]은 첫 번째 값, [2]는 두 번째 값을 가리키며 범위를 선택할 때는 '시작:종료' 형태로 사용한다. [2:3]은 배열의 두 번째부터 세 번째까지의 값을 의미한다.

PostgreSQL	결과	비고
SELECT c1[1] FROM (SELECT ARRAY[1,2,3] AS c1) t1	1	첫 번째 값
SELECT c1[2:3] FROM (SELECT ARRAY[1,2,3] AS c1) t1	{2,3}	2번째부터 3번째까지
SELECT c1[2:1] FROM (SELECT ARRAY[1,2,3] AS c1) t1	{}	거꾸로는 안됨.

이차원 배열에서도 데이터 추출은 같은 방식으로 진행된다. 이때 위치 지정은 y축과 x축, 즉 행과 열의 순서대로 한다.

PostgreSQL	결과
SELECT c1[1] FROM (SELECT ARRAY[[1,2],[3,4],[5,6]] AS c1) t1	null
SELECT c1[1:1] FROM (SELECT ARRAY[[1,2],[3,4],[5,6]] AS c1) t1	{{1, 2}}
SELECT c1[1:2] FROM (SELECT ARRAY[[1,2],[3,4],[5,6]] AS c1) t1	{{1, 2}, {3, 4}}
SELECT c1[1:2][1] FROM (SELECT ARRAY[[1,2],[3,4],[5,6]] AS c1) t1	{{1}, {3}}
SELECT c1[3][1] FROM (SELECT ARRAY[[1,2],[3,4],[5,6]] AS c1) t1	5
SELECT c1[2:3][1:2] FROM (SELECT ARRAY[[1,2],[3,4],[5,6]] AS c1) t1	{{3, 4}, {5, 6}}

위 SQL의 ARRAY 데이터를 표로 표시하면 아래와 같다.

	2차원[1]	2차원[2]
1차원[1]	1	2
1차원[2]	3	4
1차원[3]	5	6

1차원은 y축, 2차원은 x축이다. 그러므로 [1:2]의 의미는 1차원이 1부터 2까지인 데이터를 의미하니까 {1,2}와 {3,4}가 뽑힌다. [1:2][1]의 의미는 1차원은 1부터 2까지, 2차원은 첫 번째만 뽑으라는 의미이므로 {1},{3}이 뽑힌다.

2.5.3. ARRAY 차원 파악

ARRAY의 차원을 확인할 때는 ARRAY_NDIMS 함수를 사용하고, 특정 차원의 갯수를 추출하고 싶을 때는 ARRAY_DIMS 함수를 사용한다. 'ARRAY[[1,2],[3,4],[5,6]]'은 1차원이 3개, 2차원이 2개인 2차원 배열이다. 그러므로 이 배열을 대상으로 한 ARRAY_NDIMS의 결과는 2고, ARRAY_DIMS는 [1:3][1:2]가 반환된다.

PostgreSQL	결과	비고
SELECT ARRAY_NDIMS(c1) FROM (SELECT ARRAY[1,3,5] AS c1) t1	1	1차원을 의미
SELECT ARRAY_NDIMS(c1) FROM (SELECT ARRAY[[1,2],[3,4],[5,6]] AS c1) t1	2	2차원을 의미
SELECT ARRAY_DIMS(c1) FROM (SELECT ARRAY[1,3,5] AS c1) t1	[1:3]	1차원이 3개
SELECT ARRAY_DIMS(c1) FROM (SELECT ARRAY[[1,2],[3,4],[5,6]] AS c1) t1	[1:3] [1:2]	1차원 3개, 2차원 2개

2.5.4. ARRAY 길이 파악

ARRAY_LENGTH 함수는 특정 차원의 길이를 알아내는 데 사용된다. 이 함수의 두 번째 인자는 조사하고자 하는 차원을 명시한다.

PostgreSQL	결과	비고
SELECT ARRAY_LENGTH(c1,1) FROM (SELECT ARRAY[[1,2],[3,4],[5,6]] AS c1) t1	3	1차원의 길이
SELECT ARRAY_LENGTH(c1,2) FROM (SELECT ARRAY[[1,2],[3,4],[5,6]] AS c1) t1	2	2차원의 길이

2.5.5. ARRAY에 값 추가

1차원 ARRAY에는 값을 직접 추가할 수 있다. ARRAY의 뒤쪽에 값을 추가하고자 할 때는 ARRAY_APPEND 함수를 사용하고 ARRAY 앞쪽에 값을 추가하고 싶을 때는 ARRAY_PREPEND 함수를 사용한다.

PostgreSQL	결과	비고
SELECT ARRAY_APPEND(ARRAY['a','b'],'c')	{a,b,c}	['a','b'] 뒤에 'c'를 추가
SELECT ARRAY_APPEND(ARRAY['a','b'],'c','d')	에러	한번에 여러 값 추가는 안됨
SELECT ARRAY_APPEND(ARRAY_APPEND(ARRAY['a','b'],'c'),'d')	{a,b,c,d}	여러 값 추가 방법
SELECT ARRAY_PREPEND('c',ARRAY['a','b'])	{c,a,b}	
SELECT ARRAY_PREPEND('c','d',ARRAY['a','b'])	에러	
SELECT ARRAY_PREPEND('d',ARRAY_PREPEND('c',ARRAY['a','b']))	{d,c,a,b}	

2.5.6. ARRAY 결합

두 개의 ARRAY를 결합할 때는 ARRAY_CAT 함수를 사용한다. 이 함수는 첫 번째 인자로 주어진 ARRAY에 두 번째 인자로 주어진 ARRAY를 차례대로 결합한다. 다수의 ARRAY를 하나로 결합하고자 할 때는 ARRAY_CAT을 중첩해서 사용해야 한다. 또한, 두 ARRAY를 결합할 때는 차원이 같아야 한다.

PostgreSQL	결과
SELECT ARRAY_CAT(ARRAY[1,2,3],ARRAY[4,5])	{1,2,3,4,5}
세 개 이상 ARRAY를 한 번에 합치거나, 차원이 다른 ARRAY는 합칠 수 없다.	
SELECT ARRAY_CAT(ARRAY[1,2,3],ARRAY[4,5],ARRAY[6])	에러(세개 이상 합침)
SELECT ARRAY_CAT(ARRAY[[1,2],[3,4],[5,6]],ARRAY[7])	에러(차원이 다름)
SELECT ARRAY_CAT(ARRAY[[1,2],[3,4],[5,6]],ARRAY[7,8])	{{1,2},{3,4},{5,6},{7,8}}

2.5.7. ARRAY에서 특정 값의 위치 찾기

ARRAY 내 특정 값의 위치를 찾을 때는 ARRAY_POSITION 함수를 사용한다. 일반적으로 'ARRAY_POSITION(ARRAY, 찾을 값)' 형식으로 사용되며, 세 번째 인자를 통해 탐색을 시작할 위치를 지정할 수 있다. ARRAY_POSITION 함수는 1차원 ARRAY에서만 사용이 가능하다.

PostgreSQL	결과	비고
SELECT ARRAY_POSITION(ARRAY[1,2],2)	2	[1,2]에서 첫번째 값부터 찾기 시작해서 2를 처음 만날 때의 위치 값.
SELECT ARRAY_POSITION(ARRAY[1,2,1,2,1,2],2,3)	4	[1,2,1,2,1,2]에서 세번째 값부터 찾기 시작해서 2를 처음 만날 때의 위치 값.

2.5.8. 문자열을 ARRAY로 변환

문자열을 ARRAY로 변환할 때는 STRING_TO_ARRAY 함수와 REGEXP_SPLIT_TO_ARRAY 함수 중 하나를 선택할 수 있다. STRING_TO_ARRAY는 문자열과 구분자를 인자로 받아 구분자 기준으로 분리한 후 ARRAY로 반환한다. 반면, REGEXP_SPLIT_TO_ARRAY는 정규식을 기반으로 문자열을 분리한다.

PostgreSQL	결과
SELECT STRING_TO_ARRAY('1 2 3', ' ')	{1,2,3}
SELECT STRING_TO_ARRAY('1,2,3', ',')	{1,2,3}
SELECT STRING_TO_ARRAY('1^2^3', '^')	{1,2,3}
SELECT (STRING_TO_ARRAY('1,2,3', ','))[1:2]	{1,2}
SELECT REGEXP_SPLIT_TO_ARRAY('1 2 3', ' ')	{1,2,3}
SELECT REGEXP_SPLIT_TO_ARRAY('1,2,3', ',')	{1,2,3}

REGEXP_SPLIT_TO_ARRAY에서 구분자를 '^'로 쓰면 '1^2^3'이 하나의 문자열로 들어간다.

PostgreSQL	결과
SELECT REGEXP_SPLIT_TO_ARRAY('1^2^3', '^')	{1^2^3}
SELECT(REGEXP_SPLIT_TO_ARRAY('1^2^3', '^'))[1]	1^2^3
SELECT(STRING_TO_ARRAY('1^2^3', '^'))[1]	1

정규식에서 '^'은 별도 의미가 있어서 구분자로 '^'을 쓰려면 escaping을 적용해야 한다. 자세한 정보는 PostgreSQL 공식 문서를 참고하라.

[PostgreSQL 문자열 이스케이프 관련 문서]

(https://www.PostgreSQL.org/docs/current/sql-syntax-lexical.html#SQL-SYNTAX-STRINGS-ESCAPE)

PostgreSQL	결과
SELECT REGEXP_SPLIT_TO_ARRAY('1^2^3', E'\\^')	{1,2,3}
SELECT(REGEXP_SPLIT_TO_ARRAY('1^2^3', E'\\^'))[1]	1

2.5.9. ARRAY를 문자열로 변환

ARRAY를 문자열로 변환할 때는 ARRAY_TO_STRING 함수를 사용한다. 이 함수는 ARRAY와 문자열 변환 시 사용될 구분자를 인자로 받는다. 1차원뿐만 아니라 2차원 ARRAY도 변환할 수 있다.

PostgreSQL	결과
SELECT ARRAY_TO_STRING(ARRAY['1','2'], ',');	1,2
SELECT ARRAY_TO_STRING(ARRAY['1','2'], '^');	1^2
SELECT ARRAY_TO_STRING(ARRAY[[1,2],[3,4],[5,6]],'|') AS c1;	1|2|3|4|5|6

2.5.10. ARRAY를 row로 분리

ARRAY를 개별 row로 분리하고자 할 때는 UNNEST 함수를 사용한다.

PostgreSQL	결과
SELECT UNNEST(ARRAY['1','2'])	1 2
SELECT UNNEST(ARRAY[[1,2],[3,4]])	1 2 3 4

2.5.11. row 값을 ARRAY로 변환

row 데이터를 ARRAY로 변환할 때는 ARRAY_AGG 함수를 사용한다. ARRAY_AGG는 DISTINCT 와 ORDER BY를 함께 사용할 수 있어서 매우 편리하다.]

PostgreSQL	결과	비고

SELECT ARRAY_AGG(t1.c1)
FROM (
    SELECT '1' c1 UNION ALL
    SELECT '3' UNION ALL
    SELECT '2' UNION ALL
    SELECT '1'
) t1
	{1,3,2,1}	

SELECT ARRAY_AGG(DISTINCT t1.c1 ORDER BY c1)
FROM (
    SELECT '1' c1 UNION ALL
    SELECT '3' UNION ALL
    SELECT '2' UNION ALL
    SELECT '1'
) t1
	{1,2,3}	중복 값인 1을 제거하고
		값 순서대로 array에 입력

2.5.12. ARRAY간 비교

두 ARRAY를 비교할 때는 ARRAY내의 값들을 차례대로 비교한다. 예를 들어, ARRAY[1,2,3]과 ARRAY[1,2,4]를 비교하면 첫 번째 ARRAY가 더 작다. ARRAY[1,3,3]과 ARRAY[1,2,4]를 비교하면 전자가 더 크다. 주목할 점은 ARRAY의 크기 비교는 ARRAY내 값의 개수와 무관하다는 것이다. 차원이 다른 ARRAY간 비교는 불가능하다.

PostgreSQL	결과
SELECT ARRAY[1,2] > ARRAY[1,1,3]	true
SELECT ARRAY[1,2] > ARRAY[1,2,3]	false
SELECT ARRAY[1,2] > ARRAY[2]	false

이차원 ARRAY 크기 비교는 일차원 ARRAY의 비교 방식과 유사하게 진행된다. 여기서 중요한 것은 ARRAY 내의 각 요소를 앞에서부터 차례대로 비교한다는 점이다. 예시로 든 ARRAY[[1,2],[3,4]]와 ARRAY[[1,3],[3,4]]의 경우, 비교는 다음과 같은 순서로 이루어진다.

먼저 [1][1] 요소를 비교한다. 이 두 ARRAY에서는 모두 1이므로, 비교는 다음 요소로 진행된다. 다음으로 [1][2] 요소를 비교한다. 여기서 첫 번째 ARRAY는 2이고, 두 번째 ARRAY는 3이므로, 첫 번째 ARRAY가 더 작다는 결론에 도달한다. 이 경우, 첫 번째 ARRAY가 더 작으므로, 나머지 요소([2][1])의 비교는 더 이상 진행하지 않는다.

PostgreSQL	결과
SELECT ARRAY[[1,2],[3,4]] > ARRAY[[1,3],[3,4]]	false
SELECT ARRAY[[2,2],[3,4]] > ARRAY[[1,3],[3,4]]	true
SELECT ARRAY[[1,2],[3,4],[5,6]] > ARRAY[[1,2],[3,4]]	true

ARRAY 내부의 데이터가 다른 ARRAY에 완전히 포함되는지 확인하고자 할 때는 containment operator인 '@>' 또는 '@<'을 사용한다. 이 연산자는 한쪽 ARRAY가 다른 쪽에 완전히 포함되어 있을 때만 true를 반환한다.

```
SELECT ARRAY[[1,2],[4,3]] @> ARRAY[1,3]
```

위 SQL의 결과는 true다. '@>' 연산자는 2차원 배열 내에 1차원 배열[1,3]이 있는지 찾는 게 아니라 1차원 배열의 구성 값인 1과 3이 있는지를 찾기 때문이다. 2차 원 배열 내에 1차원 배열의 존재 여부는 containment operator를 이용해서 구할 수 없다.

PostgreSQL	결과	비고
SELECT ARRAY[1,2,3] @> ARRAY[1]	true	
SELECT ARRAY[1,2,3] @> ARRAY[1,2]	true	
SELECT ARRAY[1,2,3] @> ARRAY[2,3]	true	
SELECT ARRAY[1,2,3] @> ARRAY[1,3]	true	
SELECT ARRAY[1,2,3] @> ARRAY[1,5]	false	5는 1,2,3에 없으므로 false
SELECT ARRAY[1,2,3] @> ARRAY[4,2]	false	4는 1,2,3에 없으므로 false
SELECT ARRAY[[1,2],[3,4]] @> ARRAY[1]	true	차원이 달라도 사용 가능
SELECT ARRAY[[1,2],[3,4]] @> ARRAY[1,3]	true	array 구성 값 단위로 비교
SELECT ARRAY[[1,2],[4,3]] @> ARRAY[1,3]	true	array 구성 값 단위로 비교

두 array에 모두 존재하는 값이 있는지를 확인할 때는 overlap operator인 '&&'을 사용한다.

PostgreSQL	결과	비고
SELECT ARRAY[1,2,3] && ARRAY[1,5]	true	1이 양쪽 모두에 있음
SELECT ARRAY[[1,2],[3,4]] && ARRAY[1]	true	차원이 달라도 사용 가능
SELECT ARRAY[[1,2],[3,4]] && ARRAY[[1,3]]	true	array 구성 값 단위로 비교
SELECT ARRAY[1,2,3] && ARRAY[5,7]	false	양쪽에 모두 있는 값이 없으므로 false

2.5.13. ARRAY 칼럼에 있는 값 조회(sample)

PostgreSQL에서 ARRAY 칼럼을 조회하는 방법의 예시를 살펴보자. PostgreSQL은 ARRAY 칼럼을 자주 사용하며, 특히 계층형 쿼리 구현에서 이를 쓸 수도 있다. ORACLE에 비해 ARRAY 칼럼 사용 빈도가 잦아서 참고 용도로 소개한다.

```
# 테스트용 테이블 생성
CREATE TABLE arr_test_tab(id numeric, arr_txt varchar(100)[], arr_int integer[]);

INSERT INTO arr_test_tab
SELECT t100.id
     , STRING_TO_ARRAY(txt_val,',')::varchar[] arr_txt
     , STRING_TO_ARRAY(int_val,',')::int[] arr_int
FROM (
    SELECT t10.id
         , CONCAT(c1,',',c2) txt_val
         , CONCAT(c3,',',c4) int_val
    FROM (
        SELECT id
             , MD5(RANDOM( )::varchar) c1
             , MD5(RANDOM( )::varchar) c2
             , ROUND(RANDOM( )*10000)::integer c3
             , ROUND(RANDOM( )*10000)::integer c4
        FROM   (SELECT * FROM generate_series(1,1000000) AS id) t1
        )t10
    ) t100 ;
```

```sql
# arr_int 칼럼의 첫번째 인자값이 804인 데이터
SELECT  t1.arr_int
FROM    arr_test_tab t1
WHERE   t1.arr_int[1] = 804 ;
-- 결과
{804,1961}
{804,7628}
{804,8924}
...
```

```sql
# arr_int 칼럼의 인자값 중 하나라도 804인 데이터
SELECT  t1.arr_int
FROM    arr_test_tab t1
WHERE   804 = ANY(arr_int) ;
-- 결과
{804,1961}
{8475,804}
{7557,804}
...
```

```sql
# arr_int 칼럼의 인자값 모두가 1000 이상인 데이터
SELECT  t1.arr_int
FROM    arr_test_tab t1
WHERE   1000 <= ALL(arr_int) ;
-- 결과
{7602,5228}
{4025,8109}
{1899,3758}
...
```

[참고 사항] ARRAY 칼럼 조회에 인덱스 사용하기

ARRAY 칼럼 조회에 인덱스를 쓰려면 두 가지 조건을 충족해야 한다.

1. array operator('@>','<@','&&')를 써야 한다.
2. GIN 인덱스가 있어야 한다.(GIN 인덱스는 like '% %'로 조회하는 중간값 검색에 장점이 있다.)

* GIN 인덱스에 대한 내용은 이 책의 범주를 넘어가는 내용으로 생략한다.

가장 자주 사용하는 b-tree 인덱스가 있는 상태에서 ANY를 쓰거나 bird operator를 쓰거나 모두 테이블 전체를 읽기 때문에 조회 시간이 200ms 이상이 걸린다.

```
CREATE INDEX arr_test_tab_x02 ON arr_test_tab USING gin (arr_txt);

explain analyze
SELECT  arr_txt
FROM    arr_test_tab
WHERE   '9ffb58fe59f540559c93ce77d35efc2d' = ANY(arr_txt) ;

Gather (cost=1000.00..31272.00 rows=5000 width=93) (actual time=220.370..237.194 rows=1 loops=1)
    Workers Planned: 2
    Workers Launched: 2
    -> Parallel Seq Scan on arr_test_tab (cost=0.00..29772.00 rows=2083 width=93)
        Filter: ('9ffb58fe59f540559c93ce77d35efc2d'::text = ANY ((arr_txt)::text[]))
        Rows Removed by Filter: 333333
Planning Time: 1.557 ms
Execution Time: 237.218 ms

explain analyze
SELECT  arr_txt
FROM    arr_test_tab
WHERE   arr_txt @> ARRAY['9ffb58fe59f540559c93ce77d35efc2d']::varchar[] ;

Gather (cost=1000.00..27105.33 rows=5000 width=93) (actual time=214.266..225.163 rows=1 loops=1)
    Workers Planned: 2
    Workers Launched: 2
    -> Parallel Seq Scan on arr_test_tab (cost=0.00..25605.33 rows=2083 width=93)
        Filter: (arr_txt @> '{9ffb58fe59f540559c93ce77d35efc2d}'::character varying[])
        Rows Removed by Filter: 333333
Planning Time: 0.223 ms
Execution Time: 0.085 ms
```

* 지면 관계상 실행 계획의 일부만 표시

Parallel Seq Scan on arr_test_tab (cost=0.00..29772.00 rows=2083 width=93) Execution Time: 208.681 ms
Parallel Seq Scan on arr_test_tab (cost=0.00..25605.33 rows=2083 width=93) Execution Time: 225.185 ms

GIN 인덱스를 만들고 bird operator를 쓰면 인덱스 스캔을 사용하며 그 결과 0.085ms 만에 조회 결과를 볼 수 있다.

[GIN 인덱스를 만들고 ANY를 사용했을 때]
WHERE '9ffb58fe59f540559c93ce77d35efc2d' = ANY(arr_txt) ;
Parallel Seq Scan on arr_test_tab (cost=0.00..29772.00 rows=2083 width=93)
Execution Time: 237.218 ms

[GIN 인덱스를 만들고 bird operator를 사용했을 때]
WHERE arr_txt @> array['9ffb58fe59f540559c93ce77d35efc2d']::varchar[] ;
Bitmap Index Scan on arr_test_tab_x02 (cost=0.00..61.50 rows=5000 width=0)
Execution Time: 0.085 ms

```
CREATE INDEX arr_test_tab_x02 ON arr_test_tab USING gin (arr_txt);


explain analyze
SELECT  arr_txt
FROM    arr_test_tab
WHERE   '9ffb58fe59f540559c93ce77d35efc2d' = ANY(arr_txt) ;


Gather (cost=1000.00..31272.00 rows=5000 width=93) (actual time=220.370..237.194 rows=1 loops=1)
    Workers Planned: 2
    Workers Launched: 2
    -> Parallel Seq Scan on arr_test_tab (cost=0.00..29772.00 rows=2083 width=93)
        Filter: ('9ffb58fe59f540559c93ce77d35efc2d'::text = ANY ((arr_txt)::text[]))
        Rows Removed by Filter: 333333
Planning  Time: 1.557 ms
Execution Time: 237.218 ms
;


explain analyze
SELECT  arr_txt
FROM    arr_test_tab
WHERE   arr_txt @> ARRAY['9ffb58fe59f540559c93ce77d35efc2d']::varchar[] ;


Bitmap Heap Scan on arr_test_tab    (cost=62.75..11699.14 rows=5000 width=93)
    Recheck Cond: (arr_txt @> '{9ffb58fe59f540559c93ce77d35efc2d}'::character varying[])
    Heap Blocks: exact=1
    -> Bitmap Index Scan on arr_test_tab_x02 (cost=0.00..61.50 rows=5000 width=0)
        Index Cond: (arr_txt @> '{9ffb58fe59f540559c93ce77d35efc2d}'::character varying[])
Planning  Time: 0.223 ms
Execution Time: 0.085 ms
```

* 지면 관계상 실행 계획의 일부만 표시

CHAPTER 3
타임존 설정 및 변환

3.1. 세션 타임존 확인 및 설정 방법

3.2. 타임존 변환 방법

3.3. sysdate 변환

CHAPTER 3 타임존 설정 및 변환

3.1. 세션 타임존 확인 및 설정 방법

현재 세션의 타임존 설정을 확인하려면 show timezone 또는 'current_timestamp('timezone')'를 사용한다. 타임존 설정을 변경하고자 할 때는 'set timezone to ['타임존 이름/약칭']' 형식을 사용한다. 사용할 수 있는 타임존 목록은 pg_timezone_names를 통해 확인할 수 있다.

```
SELECT  *
FROM    pg_timezone_names
WHERE   name IN ('Asia/Singapore','Asia/Seoul');
```

name	abbrev	utc_offset	is_dst
Asia/Seoul	KST	09:00:00	FALSE
Asia/Singapore	+8	08:00:00	FALSE

```
설정 예)
set timezone to 'Asia/Singapore';
set timezone to '+09';
```

현재 설정값과 현재 시각을 보는 SQL은 아래와 같다.

```
SELECT  current_setting('timezone') cur_set
     ,  now()
     ,  EXTRACT(timezone FROM now())/60/60 AS tz
     ,  now()-INTERVAL '1 hour' AS "1h_bf";
```

cur_set	Now	tz	1h_bf
Asia/Singapore	2022-08-02 13:04:41.295623+08	8	2022-08-02 12:04:41.295623+08

3.2. 타임존 변환 방법

PostgreSQL에서 타임존을 변환할 때는 'SELECT timestamp ['with time zone/without time zone] '시간' at time zone ['타임 존명/약칭/UTC]' 형식을 사용한다. 타임존 변환 시 with time zone을 생략하면 without time zone이 적용된다. 타임존 명칭이나 약칭을 사용할 수 있으며, 'UTC+09'처럼 POSIX 형식도 사용이 가능하지만 결과의 직관성과 ORACLE과의 차이점을 고려하여 사용을 자제하는 것이 좋다. 아래는 서버 시간대가 싱가포르(+08)인 상태에서 싱가포르 세션과 서울(+09) 세션에서 멜버른(+10) 시각을 변환하는 예시이다.

[타임존 변환 결과]

변환대상 시간	서버	방식	SQL	싱가포르 세션 (+08)	서울세션 (+09)
8/5일12시 +10(멜버른)	싱가포르 (+08)	WITH TIME ZONE, FULL	SELECT TIMESTAMP WITH TIME ZONE '2021- 08-05 12:00:00+10' AT TIME ZONE 'Asia/Seoul';	2021-08-05 11:00:00	2021-08-05 11:00:00
8/5일12시 +10(멜버른)	싱가포르 (+08)	WITH TIME ZONE, ABBR	SELECT TIMESTAMP WITH TIME ZONE '2021- 08-05 12:00:00+10' AT TIME ZONE 'KST';	2021-08-05 11:00:00	2021-08-05 11:00:00
8/5일12시 +10(멜버른)	싱가포르 (+08)	WITH TIME ZONE, POSIX	SELECT TIMESTAMP WITH TIME ZONE '2021- 08-05 12:00:00+10' AT TIME ZONE 'UTC+09';	2021-08-04 17:00:00	2021-08-04 17:00:00
8/5일12시 +10(멜버른)	싱가포르 (+08)	WITHOUT TIME ZONE, FULL	SELECT TIMESTAMP '2021-08-05 12:00:00' AT TIME ZONE 'Australia/Melbourne';	2021-08-05 10:00:00+08	2021-08-05 11:00:00+09
8/5일12시 +10(멜버른)	싱가포르 (+08)	WITHOUT TIME ZONE, ABBR	SELECT TIMESTAMP '2021-08-05 12:00:00' AT TIME ZONE 'AEST';	2021-08-05 10:00:00+08	2021-08-05 11:00:00+09
8/5일12시 +10(멜버른)	싱가포르 (+08)	WITHOUT TIME ZONE, POSIX	SELECT TIMESTAMP '2021-08-05 12:00:00' AT TIME ZONE 'UTC+10';	2021-08-06 06:00:00+08	2021-08-06 07:00:00+09

3.2.1. WITH TIME ZONE 사용

with time zone을 사용하면 세션 타임존과 상관없이 at time zone에 지정한 타임존 시각으로 변경해 타임존이 없는 timestamp 형식의 값을 반환한다.

3.2.1.1. 시간대 full name 사용

시간대를 변환할 때 시간대 full name을 사용할 수 있다. 예를 들면 AT TIME ZONE 'Asia/Seoul' 같은 식이다.

```
SELECT TIMESTAMP WITH TIME ZONE '2021-08-05 12:00:00+10'
```

(멜버른 시각으로 2021년 8월 5일 12시(+10)를 다른 시간대로 변환하려면 위 SQL처럼 시각을 입력한다.)
그리고 그 뒤에 변환할 시간대를 적는다.

```
SELECT ... AT TIME ZONE 'Asia/Seoul';
```

위 부분의 의미는 앞에 입력한 시각을 (멜버른 기준 2021년 8월 5일 12시)을 서울 시각으로 변경한다는 의미다. 서울은 '+09' 시간대로 멜버른보다 한 시간 빠르므로 8월 5일 11시가 나온다. 만약 AT TIME ZONE에 '+08' 시간대인 싱가포르를 지정하면 8월 5일 10시가 나온다. 이 방법은 세션의 타임존 세팅과 관계 없이 같은 값이 나온다. 만약에 싱가포르 타임존 세팅인 서버에서 멜버른 타임을 서울 시각으로 변경할 때 with time zone을 사용하면 세션 설정과 관계없이 같은 결과를 볼 수 있다.

3.2.1.2. 시간대 약칭 사용

시간대 변환에 full name 대신 'KST' 같은 시간대 약칭을 사용할 수 있는데 결과는 full name을 쓰는 것과 같다.

```
SELECT TIMESTAMP WITH TIME ZONE '2021-08-05 12:00:00+10' AT TIME ZONE 'KST';
```

3.2.1.3. POSIX(UTC+09) 스타일 사용

POSIX 형식인 UTC+09를 사용할 때는 주의가 필요하다. 여기서 주의할 점은 PostgreSQL에서 UTC+09의 '+09'는 ORACLE과 달리 서쪽을 의미한다. 이에 따라 UTC 시간으로 변환 후 '+09'를 적용할 때 9시간을 빼야 한다.

```
SELECT TIMESTAMP WITH TIME ZONE '2021-08-05 12:00:00+10' AT TIME ZONE 'UTC+09';
```

> **결과 계산 방식**
>
> 1. 입력 시간을 UTC로 변환한다. '2021-08-05 12:00:00+10' 시각을 UTC+0으로 변환하기 위해 10시간을 뺀다. 결과 : 8월5일2시
>
> 2. UTC+09로 변환 : at time zone에 쓴 UTC+09에서 '+09' 의미가 ORACLE과 달리 동쪽이 아니라 서쪽이다. 그래서 UTC+09로 변환하려면 1에서 구한 시각에서 **9시간을 더하는게 아니라 빼야한다.** 결과 : 8월4일17시(오라클에서 UTC+09가 UTC에서 9시간 더한 시간대를 의미하지만, PostgreSQL에서는 9시간을 더해야 UTC가 되는 시간대를 의미한다.)
>
> 3. 2에서 구한 값을 타임존이 없는 timestamp 형식으로 반환한다. **세션 타임존과 상관없이 at time zone에 쓴 타임존의 시각이 결과로 나온다.**

3.2.2. WITHOUT TIME ZONE

without time zone은 입력한 시각을 at time zone의 시각으로 가정하고 **세션 타임존 시각으로 변환**한 후 타임존이 명시된 시각을 반환한다.

3.2.2.1. 시간대 FULL NAME 사용

아래 예시에서 8월 5일 12시는 AT TIME ZONE에 적은 멜버른(+10)의 시각으로, 이를 세션 타임존 시각으로 변환해서 반환한다. 그래서 싱가포르 타임존으로 설정한 세션에서는 8월 5일 10시, 서울 타임존으로 설정한 세션에서는 8월 5일 11시가 반환된다. **세션 설정에 따라 반환 값이 다른 것에 주의가 필요하다.**

```
SELECT timestamp '2021-08-05 12:00:00' AT TIME ZONE 'Australia/Melbourne';
```

3.2.2.2. 시간대 약칭 사용

시간대 변환에 full name 대신 시간대 약칭을 사용할 수 있다. 이 경우도 위에서 설명한 것과 같은 방식으로 작동한다.

```
SELECT timestamp '2021-08-05 12:00:00' AT TIME ZONE 'AEST';
```

3.2.2.3. POSIX(UTC+09) 스타일 사용

with timezone 부분에서 설명한 것처럼 PostgreSQL에서 UTC+09의 '+09'는 ORACLE과 달리 서쪽을 의미한다. 그래서 ORACLE 사용 경험으로 변환하면 의외의 결괏값이 나올 수 있으니, 주의가 필요하다.

```
SELECT timestamp '2021-08-05 12:00:00' AT TIME ZONE 'UTC+10';
```

결과 계산 방식

1. 싱가포르 세션일 때

1. at time zone에 'UTC+10'을 썼으니 입력한 시간은 UTC+10 시각이다.

2. 입력 시각을 UTC+0으로 바꾼다. **ORACLE과 달리 at time zone의 '+'가 서쪽을 의미하므로 10시간을 더한다. 결과 : 8월5일22시** (PostgreSQL에서 UTC+10의 의미는 10시간을 더해야 UTC가 되는 시간대를 의미한다.)

3. UTC 시각을 세션 타임존 시각으로 변경한다.
싱가포르는 UTC 기준으로 '+08'이므로 8시간을 더한다. **결과 : 8월6일6시**

2. 한국 세션일 때

1. at time zone에 UTC+10을 썼으니 입력한 시간은 UTC+10 시간이다.

2. 입력 시각을 UTC+0으로 바꾼다. ORACLE과 달리 at time zone의 '+'가 서쪽을 의미하므로 10시간을 더한다. 결과 : 8월5일22시

3. UTC 시각을 세션 타임존 시각으로 변경한다.
한국은 UTC 기준으로 '+09'이므로 9시간을 더한다. **결과 : 8월6일7시**

3.3. sysdate 변환

PostgreSQL에서 현재 시각을 표시하는 함수로는 now( ), current_timestamp, transaction_timestamp( ), statement_timestamp( ), timeofday( ), clock_timestamp( ) 등이 있다. 하지만, 이들 중 ORACLE의 sysdate와 항상 같은 결과를 반환하는 함수는 없다. 따라서, ORACLE의 sysdate를 PostgreSQL의 특정 함수로 일괄 변환하는 것은 불가능하며, 사용할 함수를 프로그램의 특성에 맞게 선택해야 한다.

3.3.1. sysdate 변환 방법 제안

1. PL/pgSQL처럼 한 트랜잭션 안에서 여러 DML 문장(insert/update/delete)을 수행해야 할 때는 각 DML 문장 실행 전에 clock_timestamp( ) 값을 조회하여 변수에 저장하고 저장한 변숫값을 DML 문장 실행에 사용한다.

2. 한 트랜잭션 안에 하나의 SQL문장만 있으면 current_timestamp나 now( )를 사용한다.

3.3.2. 테스트 요약

ORACLE의 sysdate와 PostgreSQL의 현재 시각 표시 함수들 사이의 차이를 요약하면 다음 표와 같다.

	SQL 결과에서 row 단위로 값이 다를 수 있다.	SQL 결과에서 column 단위로 값이 다를 수 있다.	한 트랜잭션에서 SQL 단위로 값이 다를 수 있다.
[ORACLE] sysdate, systimestamp	X	X	O 프로시저 내부에서 SELECT sysdate c1 ... (로직) SELECT sysdate c1 이렇게 했을 때 위 c1과 아래 c1 값은 다르다.
[PG]now( )	X	X	X
[PG]current_timestamp	X	X	X
[PG]transaction_timestamp( )	X	X	X
[PG]statement_timestamp( )	X	X	BEGIN ~ END로 트랜잭션을 묶으면 O 프로시저 안에서는 X
[PG]timeofday( )	O	O	O 칼럼간에도 값이 다를 수 있음
[PG]clock_timestamp( )	O	O	O 칼럼간에도 값이 다를 수 있음

3.3.3. 상세 테스트 결과

아래 표는 PostgreSQL의 현재 시각 표시 함수들의 결과를 비교한 것이다. pg_sleep(2)은 2초간 대기를 의미하며, 4~8번은 같은 트랜잭션 내에서 수행된다.

no	now	current_timestamp	transaction_timestamp	statement_timestamp	timeofday	clock_timestamp
1	2021-07-27 21:05:55.307603+09	2021-07-27 21:05:55.307603+09	2021-07-27 21:05:55.307603+09	2021-07-27 21:05:55.307603+09	Tue Jul 27 21:05:55.307705 2021 KST	2021-07-27 21:05:55.307711+09
2	pg_sleep(2)					
3	2021-07-27 21:05:57.321117+09	2021-07-27 21:05:57.321117+09	2021-07-27 21:05:57.321117+09	2021-07-27 21:05:57.321117+09	Tue Jul 27 21:05:57.321217 2021 KST	2021-07-27 21:05:57.321222+09
4	begin					
5	2021-07-27 21:05:57.325428+09	2021-07-27 21:05:57.325428+09	2021-07-27 21:05:57.325428+09	2021-07-27 21:05:57.329232+09	Tue Jul 27 21:05:57.329328 2021 KST	2021-07-27 21:05:57.329334+09
6	pg_sleep(2)					
7	2021-07-27 21:05:57.325428+09	2021-07-27 21:05:57.325428+09	2021-07-27 21:05:57.325428+09	2021-07-27 21:05:59.343412+09	Tue Jul 27 21:05:59.343547 2021 KST	2021-07-27 21:05:59.343556+09
8	rollback					
9	2021-07-27 21:05:59.357924+09	2021-07-27 21:05:59.357924+09	2021-07-27 21:05:59.357924+09	2021-07-27 21:05:59.357924+09	Tue Jul 27 21:05:59.358056 2021 KST	2021-07-27 21:05:59.358064+09
10	pg_sleep(2)					
11	2021-07-27 21:06:00.379464+09	2021-07-27 21:06:00.379464+09	2021-07-27 21:06:00.379464+09	2021-07-27 21:06:00.379464+09	Tue Jul 27 21:06:00.379579 2021 KST	2021-07-27 21:06:00.379585+09

상세 테스트 결과 요약

1. now( ), current_timestamp, transaction_timestamp( ) 세 개는 같은 의미이다.

   위 표에서 now( ), current_timestamp, transaction_timestamp( ) 세 함수 결과가 항상 같다.

2. now( ), current_timestamp, transaction_timestamp( )는 한 트랜잭션 내에서는 동일한 값을 유지하지만, statement_timestamp( )는 SQL이 바뀌면 같은 트랜잭션 안에서도 값이 변한다. 하지만, 프로시저 안에서는 statement_timestamp( )도 값이 변하지 않는다. 프로시저 안에서 statement_timestamp( ) 값이 SQL마다 변한다면 ORACLE의 sysdate와 같은 결과가 나올 텐데 아쉬운 부분이다.

   위 표의 4~8번 행이 한 트랜잭션이다. 5번 행과 7번 행을 보면 statement_timestamp( ) 결괏값은 변하는데 now( ), current_timestamp, transaction_timestamp( ) 결괏값은 변하지 않는다.

3. now( ), current_timestamp, transaction_timestamp( ), statement_timestamp( )는 한 SQL에 여러 번 써도 같은 값이 나오지만 timeofday( )와 clock_timestamp( )는 다른 값이 나온다.

   메뉴얼에는 timeofday( )와 clock_timestamp( )가 데이터 타입만 다르다고 나와 있지만 때에 따라 결과도 다를 수 있다.

timeofday	text	Current date and time(like clock_timestamp, but as a text string): see Section 9.9.5

```
SELECT timeofday( ), timeofday( ), timeofday( )
     , clock_timestamp( ), clock_timestamp( ), clock_timestamp( );
```

timeofday	timeofday	timeofday	clock_timestamp	clock_timestamp	clock_timestamp
Tue Jul 27 21:04:26. 012256 2021 KST	Tue Jul 27 21:04:26. 012262 2021 KST	Tue Jul 27 21:04:26. 012263 2021 KST	2021-07-27 21:04:26. 012264+09	2021-07-27 21:04:26. 012265+09	2021-07-27 21:04:26. 012265+09

select 절에 timeofday( )와 clock_timestamp( )를 각 세 번씩 사용했는데 timeofday( )는 세 값이 모두 다르고, clock_timestamp( )는 두 값이 같고 하나는 다른 결과를 볼 수 있다. 흔하진 않지만, 한 SQL에서 여러 번 같은 함수를 호출했을 때 결과가 다를 수 있으니 주의가 필요하다. PostgreSQL 내부에서 사용하는 가장 작은 시간 단위 안에 함수 호출이 두 번 발생하면 같은 값이 나오는 것으로 추정한다. 테스트 결과 clock_timestamp( )에 비해 timeofday( )의 중복 확률이 높은데 이것은 timeofday( )는 문자로 변환해서 리턴해야 하므로 clock_timestamp( )에 비해 속도가 느려서 발생한 현상으로 추측한다. clock_timestamp( )가 초 단위 이상 차이가 나는 대표적인 경우는 아래 SQL처럼 union all로 연결했을 때 발생한다.

```
SELECT clock_timestamp( )
UNION ALL
SELECT clock_timestamp( )
```

만약 union all 위쪽 SQL이 100초 걸리면 아래쪽 select 절의 clock_timestamp( ) 값은 위쪽보다 100초 늦은 시각이 나온다.

4. 현재 시각을 구하는 다섯 가지 함수 중 timeofday( ) 함수만 text 타입으로 값을 반환하고 나머지 함수는 timestamptz 타입으로 값을 반환한다.

create date(cre_dt), last update date(upd_dt) 칼럼 입력시 statement_timestamp( ) 사용 테스트

1. 테스트 준비

```
DROP TABLE t1;

CREATE TABLE t1 (
    id numeric(10,0)
  , cre_dt timestamp(0) without time zone
  , upd_dt timestamp(0) without time zone);
```

2. BEGIN ~ END 블록만 사용

begin은 단순히 트랜잭션을 열어 놓는 의미로 statement_timestamp( )를 사용해도 문장마다 다른 값이 나온다.

```
BEGIN;
    INSERT INTO t1 VALUES(1,statement_timestamp(), statement_timestamp());
    SELECT pg_sleep(1);
    INSERT INTO t1 VALUES(2,statement_timestamp(), statement_timestamp());
    SELECT pg_sleep(1);
    INSERT INTO t1 VALUES(3,statement_timestamp(), statement_timestamp());
    COMMIT;
END;

SELECT * FROM t1 ORDER BY id;
```

id	cre_dt	upd_dt
1	2024-06-18 20:54:44	2024-06-18 20:54:44
2	2024-06-18 20:54:45	2024-06-18 20:54:45
3	2024-06-18 20:54:46	2024-06-18 20:54:46

3. Do문 사용

익명 블록을 수행할 때 쓰는 Do문을 사용하면 별도 SQL문장이라도 statement_timestamp( ) 값이 같다.

```
DO $$
<<first_block>>
BEGIN
    INSERT INTO t1 VALUES(1,statement_timestamp(), statement_timestamp());
    perform pg_sleep(1);
    INSERT INTO t1 VALUES(2,statement_timestamp(), statement_timestamp());
    perform pg_sleep(1);
    INSERT INTO t1 VALUES(2,statement_timestamp(), statement_timestamp());
    perform pg_sleep(1);
    INSERT INTO t1 VALUES(3,statement_timestamp(), statement_timestamp());
    COMMIT;
END first_block $$;

SELECT * FROM t1 ORDER BY id;
```

id	cre_dt	upd_dt
1	2024-06-18 20:55:34	2024-06-18 20:55:34
2	2024-06-18 20:55:34	2024-06-18 20:55:34
3	2024-06-18 20:55:34	2024-06-18 20:55:34

4. 저장 프로시저 사용

실제 개발할 때는 Do문 보다는 저장 프로시저를 주로 사용하는데 저장 프로시저도 위에서 본 Do문처럼 트랜잭션 안에 있는 서로 다른 SQL에서 statement_timestamp( ) 함수는 같은 값을 반환한다. 화면에 있는 데이터를 입력하는 것은 SQL을 각각 수행하니 cre_dt, upd_dt 칼럼에 값을 넣을 때 statement_timestamp( )를 써도 되나 여러 SQL을 한 트랜잭션에서 수행하는 저장 프로시저에서는 잘못된 값이 입력될 수 있으니, 주의가 필요하다.

```
CREATE OR REPLACE PROCEDURE ins_test( )
language plpgsql
AS $$
BEGIN
  INSERT INTO t1 VALUES(1,statement_timestamp( ), statement_timestamp( ));
  perform pg_sleep(1);
  INSERT INTO t1 VALUES(2,statement_timestamp( ), statement_timestamp( ));
  perform pg_sleep(1);
  INSERT INTO t1 VALUES(3,statement_timestamp( ), statement_timestamp( ));
  COMMIT;
END;$$

call ins_test( );
SELECT * FROM t1 ORDER BY id;
```

id	cre_dt	upd_dt
1	2024-06-18 20:56:19	2024-06-18 20:56:19
2	2024-06-18 20:56:19	2024-06-18 20:56:19
3	2024-06-18 20:56:19	2024-06-18 20:56:19

– create date(cre_dt), last update date(upd_dt) 칼럼 입력시 clock_timestamp( ) 사용 테스트.

clock_timestamp( ) 함수는 statement_timestamp( ) 함수와 달리 프로시저 안에서 SQL마다 다른 값을 반환한다. 하지만, clock_timestamp( )는 함수를 호출했을 때의 시각을 반환하므로 같은 SQL에서 여러 번 함수를 쓰면 같은 시각이 나올 수도 있고, 다른 시각이 나올 수도 있다.

```sql
CREATE OR REPLACE PROCEDURE ins_test( )
language plpgsql
AS $$
BEGIN
 INSERT INTO t1 VALUES(1,clock_timestamp( ), clock_timestamp( ));
 perform pg_sleep(1);
 INSERT INTO t1 VALUES(2,clock_timestamp( ), clock_timestamp( ));
 perform pg_sleep(1);
 INSERT INTO t1 VALUES(3,clock_timestamp( ), clock_timestamp( ));
 COMMIT;
END;$$

call ins_test();
SELECT * FROM t1 ORDER BY id;
```

id	cre_dt	upd_dt
1	2024-06-18 21:22:14	2024-06-18 21:22:15
2	2024-06-18 21:22:16	2024-06-18 21:22:16
3	2024-06-18 21:22:17	2024-06-18 21:22:17

확률은 낮지만 위 예시처럼 같은 SQL에서 clock_timestamp( )를 여러 번 호출하면 칼럼 값이 1초 차이가 날 수 있으니 주의가 필요하다.

– 저장 프로시저 + 변수 사용 + clock_timestamp( ) 사용 테스트

저장 프로시저에 여러 SQL이 있고 각 SQL 문장마다 cre_dt, upd_dt 칼럼값을 넣어야 할 때 statement_timestamp( )를 쓰면 모든 SQL에 같은 값이 들어가고, clock_timestamp( )를 쓰면 SQL 별로 다른 값이 들어가지만, 같은 SQL에서 cre_dt와 upd_dt 값이 1초 차이가 날 확률이 있다. 저장 프로시저에서 clock_timestamp( )를 쓰면서 같은 SQL 내에서는 동일한 값이 나오게 하려면 아래 예시처럼 프로시저 안에 있는 각 DML 수행 직전에 clock_timestamp( ) 값을 변수에 저장하고 DML에서는 변수에 저장한 값을 사용해야 한다.

```
CREATE OR REPLACE PROCEDURE ins_test( )
language plpgsql
AS $$
DECLARE
   v_clock_time timestamp(0);
BEGIN
   SELECT clock_timestamp() INTO v_clock_time;
   INSERT INTO t1 VALUES(1,v_clock_time,v_clock_time);
   perform pg_sleep(1);
   SELECT clock_timestamp() INTO v_clock_time;
   INSERT INTO t1 VALUES(2,v_clock_time,v_clock_time);
   perform pg_sleep(1);
   SELECT clock_timestamp() INTO v_clock_time;
   INSERT INTO t1 VALUES(3,v_clock_time,v_clock_time);
   COMMIT;
END;$$

call ins_test();
SELECT * FROM t1 ORDER BY id;
```

id	cre_dt	upd_dt
1	2024-06-18 22:24:37	2024-06-18 22:24:37
2	2024-06-18 22:24:38	2024-06-18 22:24:38
3	2024-06-18 22:24:39	2024-06-18 22:24:39

CHAPTER 4 조인

4.1. 이너조인 (INNER JOIN)

4.2. 아우터조인 (OUTER JOIN)

CHAPTER 4 조인

4.1. 이너조인(inner join)

T1 순번	C1	C2
1	A	10
2	A	20
3	B	10
4	C	10

T2 순번	C1	VAL
1	A	100
2	B	200
3	D	100

이너조인은 두 데이터 집합에서 조건을 만족하는 데이터만을 선택하여 결과로 보여준다. 예를 들어, T1 테이블과 T2 테이블을 C1 칼럼을 기준으로 조인하는 경우를 생각해 보자. 두 가지 방식으로 SQL을 작성할 수 있는데, 하나는 오라클 스타일의 문법이고 다른 하나는 ANSI 표준 문법이다. 오라클 스타일에서는 FROM 절에 조인할 테이블을 나열하고 WHERE 절에 조인 조건과 일반 조건(필터 조건)을 명시한다.

```sql
SELECT *
FROM   t1
     , t2
WHERE  t2.c1 = t1.c1 ;
```

이때 FROM 절에 쓴 테이블 순서는 SQL 결과나 성능에 아무런 영향을 주지 않지만, 작성자의 의도를 파악할 수 있고 다른 사람이 SQL 해석을 편하게 할 수 있게 SQL 개발자가 생각하는 테이블 읽는 순서에 맞게 적는 게 좋다. 이너조인에서는 조인 조건이 참일 때 해당 데이터를 결과로 추출하는데 T1 테이블의 1번 줄과 T2 테이블의 1번 줄, T1 테이블의 2번 줄과 T2 테이블의 1번 줄, T1 테이블의 3번 줄과 T2 테이블의 2번 줄이 같다. T1 테이블의 4번 줄은 T2 테이블에 조인 조건을 만족하는 데이터가 없어서 출력되지 않는다. 데이터와 조인 조건의 결과를 보면 아래와 같다.

T1		T2		T2.C1 = T1.C1		T1		T2	
C1	C2	C1	VAL			C1	C2	C1	VAL
A	10	A	100	TRUE		A	10	A	100
A	20			TRUE		A	20	A	100
B	10	B	200	TRUE		B	10	B	200
C	10			FALSE					
		D	100						

ANSI 문법으로 이너조인을 작성하려면 테이블 사이를 'INNER JOIN' 키워드로 연결한다. 두 테이블 간 조인 조건은 ON 절에 명시한다.

```
-- ANSI 문법
SELECT  *
FROM    t1 INNER JOIN t2
ON      ( t2.c1 = t1.c1 );

-- ORACLE 문법
SELECT  *
FROM    t1
      , t2
WHERE   t2.c1 = t1.c1;
```

이너 조인의 일반 조건은 ANSI 문법, ORACLE 문법 모두 WHERE 절에 적는다.

```sql
-- ANSI 문법
SELECT  *
FROM    t1 INNER JOIN t2
ON      ( t2.c1 = t1.c1 )
WHERE   t2.val >= 200;

-- ORACLE 문법
SELECT  *
FROM    t1
     ,  t2
WHERE   t2.c1 = t1.c1
AND     t2.val >= 200;
```

위 예시 SQL은 T1 테이블의 c1 칼럼과 T2 테이블의 c1 칼럼값이 일치하는 것과 동시에 T2 테이블의 val 칼럼값이 200 이상인 데이터만 최종 결과로 추출된다. ANSI SQL 표준 문법에서는 이러한 추가 조건을 ON 절에 포함하거나 WHERE 절에 별도로 기술할 수 있다. 이너 조인의 경우 필터 조건을 ON 절에 쓰는 것과 WHERE 절에 쓰는 것의 결과가 같지만, 일반적으로는 가독성과 명확성을 위해 WHERE 절에 필터 조건을 별도로 기술하는 것을 권장한다.

일반 조건을 추가하면 t2 테이블과 조인할 때 val 칼럼값이 200 이상인 데이터만 참(true)이 된다. 말로는 어려운데 아래 표를 보면 쉽게 이해할 것으로 생각한다. PostgreSQL은 이너 조인에 한해서 ANSI SQL 표준 문법과 ORACLE 스타일의 문법을 모두 지원한다. 개인적으로 아우터 조인이 없는 SQL은 ORACLE 스타일 문법으로 작성하고 아우터 조인이 포함된 SQL은 ANSI 문법으로 작성하는 걸 선호한다.

T1		T2		T2.C1=T1.C1	T2.VAL>=200	최종	⇒	T1		T2	
C1	C2	C1	VAL					C1	C2	C1	VAL
A	10	A	100	TRUE	FALSE	FALSE		B	10	B	200
A	20			TRUE	FALSE	FALSE					
B	10	B	200	TRUE	TRUE	TRUE					
C	10			FALSE							
		D	100								

4.2. 아우터조인(OUTER JOIN)

아우터조인은 이너조인과 달리, 두 테이블 중 하나를 기준으로 삼아 기준 테이블의 데이터가 조인에 실패하더라도 결과에 포함된다. 예를 들어, T1과 T2 테이블을 C1 칼럼으로 조인하는 경우, T1을 기준으로 하는 LEFT OUTER JOIN과 T2를 기준으로 하는 RIGHT OUTER JOIN을 사용할 수 있으며 OUTER는 생략이 가능하다. 참고로 PostgreSQL에서 아우터 조인은 이너 조인과 달리 ANSI 문법만 지원한다.

T1				T2		
순번	C1	C2		순번	C1	VAL
1	A	10		1	A	100
2	A	20		2	B	200
3	B	10		3	D	100
4	C	10				

```
SELECT  *
FROM    t1 LEFT OUTER JOIN t2
ON      (t2.c1 = t1.c1)
```

아우터 조인에는 LEFT OUTER JOIN과 RIGHT OUTER JOIN 두 가지 유형이 있다. 이들은 FROM 절에 명시된 두 테이블 사이에 사용하며, 여기서 LEFT와 RIGHT는 결과에 모든 행을 포함해야 하는 테이블의 위치를 나타낸다. 예를 들어, 'T1 LEFT OUTER JOIN T2'는 T1이 기준 테이블이며, 'T1 RIGHT OUTER JOIN T2'는 T2가 기준 테이블이다. 테이블의 순서가 달라도 조인의 의미는 동일하다. OUTER는 생략할 수 있는데, 개인적으로는 'LEFT JOIN', 'RIGHT JOIN' 대신 'LEFT OUTER JOIN', 'RIGHT OUTER JOIN'을 사용하여 명시적으로 표현하는 것을 선호한다. 아래 그림은 위 SQL의 OUTER JOIN 결과를 도식화한 것으로 조인 결과가 TRUE 이거나 PASS인 데이터 4건이 결과로 나온다.

T1		T2		T2.C1 = T1.C1
C1	C2	C1	VAL	
A	10	A	100	TRUE
A	20			TRUE
B	10	B	200	TRUE
C	10			PASS(outer)
		D	100	

⇒

T1		T2	
C1	C2	C1	VAL
A	10	A	100
A	20	A	100
B	10	B	200
C	10	{NULL}	{NULL}

이제 OUTER JOIN에 OUTER 일반 조건을 적용할 때의 동작을 살펴보자. 다음 SQL은 LEFT OUTER JOIN이므로 기준 집합이 T2 테이블이다. 여기서 'T1.C2 >= 20'이라는 조건을 추가했는데 AND 연산자로 연결되므로, 두 조건 모두 만족해야 참(TRUE)으로 평가된다. 표의 T1 테이블의 두 번째 데이터(A,20)를 보면 조인 조건 결과도 TRUE고 C2 칼럼 필터 조건도 만족해서 TRUE다. AND 조건은 두 조건이 모두 TRUE일 때 TRUE이므로 최종결과가 TRUE가 된다.

T2 테이블의 C1 값이 'B'인 데이터는 T1과 조인은 성공하지만(TRUE), 필터 조건(t1.c2 >= 20)을 만족하지 못하므로(FALSE) 결과에 포함하지 않아야 한다. 하지만, 이 데이터를 결과에 포함하지 않으면 T2 테이블에 C1 값이 'B'인 데이터 자체가 나오지 않게 되고 결과적으로 아우터 조인 결과에 맞지 않기 때문에 최종 결과에는 포함된다.(FALSE -> PASS)

반면에 T1의 C1 값이 A이고 C2값이 10인 데이터는 C2값이 20인 데이터가 TRUE로 존재하므로 결과에서 제외된다.

```
SELECT  *
FROM    t2 LEFT OUTER JOIN t1
ON      ( t1.c1 = t2.c1
      AND t1.c2 >= 20 ) ;
```

T2		T1		조인조건	최종결과
C1	VAL	C1	C2	T1.C1 = T2.C1 T1.C2 >= 20	
A	100	A	10	TRUE + FALSE	FALSE
		A	20	TRUE + TRUE	TRUE
B	200	B	10	TRUE + FALSE	FALSE -> PASS
		C	10	대상제외	
D	100			PASS	PASS

⇒

결과			
T2		T1	
C1	VAL	C1	C2
A	100	A	20
B	200	{NULL}	{NULL}
D	100	{NULL}	{NULL}

't1.c2 >= 20' 조건을 't1.c2 >= 30'으로 바꾸면 아래처럼 결과가 변한다.

```
SELECT *
FROM    t2 LEFT OUTER JOIN t1
ON      (   t1.c1 = t2.c1
        AND t1.c2 >= 30 ) ;
```

T2		T1		조인조건결과
C1	VAL	C1	C2	T1.C1 = T2.C1
A	100	A	10	TRUE
		A	20	TRUE
B	200	B	10	TRUE
		C	10	대상제외
D	100			PASS

⇒

		결과	
T2		T1	
C1	VAL	C1	C2
A	100	A	10
A	100	A	20
B	200	B	10
D	100	{NULL}	{NULL}

조인 조건 대신 필터 조건을 WHERE 절에 추가하는 경우에는 조인 이후 필터 조건에 맞는 데이터만 결과로 나타난다. 예를 들어, 아래 SQL에서는 LEFT OUTER JOIN을 한 결과에서 'T1.C2 >= 20' 필터 조건을 적용한다.

```
SELECT *
FROM    t2 LEFT OUTER JOIN t1
ON      ( t1.c1 = t2.c1 )
WHERE   t1.c2 >= 20 ;
```

우선 조인 조건을 사용해서 아우터 조인을 한다. 그 결과는 아래 그림과 같다.

T2		T1		
C1	VAL	C1	C2	T1.C1(+) = T2.C1
A	100	A	10	TRUE
		A	20	TRUE
B	200	B	10	TRUE
		C	10	대상제외
D	100			PASS

		결과	
T2		T1	
C1	VAL	C1	C2
A	100	A	10
A	100	A	20
B	200	B	10
D	100	{NULL}	{NULL}

이 아우터 조인 결과에서 필터 조건인 t1.c2 >= 20 조건을 적용해서 두 번째 줄 데이터를 제외한 다른 데이터가 모두 결과에서 제외된다.

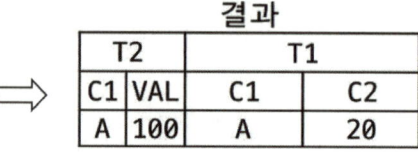

위 결과를 보면 이너 조인한 결과와 같다. 아우터 조인에서 아우터 기준이 아닌 테이블에 필터 조건이 있으면 이너조인과 결과가 같다. 그래서 IS NULL이나 IS NOT NULL 조건이 아니면 아우터 조인이 필요 없거나 잘못 쓴 경우가 대부분이다. 아우터 조인에 IS NULL 일반 조건은 두 집합 중 한쪽 집합에만 있는 데이터를 찾을 때 쓴다.

```sql
SELECT  *
FROM    t2 LEFT OUTER JOIN t1
ON      ( t1.c1 = t2.c1 )
WHERE   t1.c1 IS NULL;
```

LEFT OUTER JOIN을 하면 결과는 아래 표와 같다.

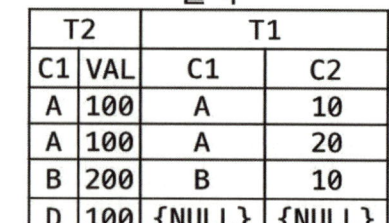

이 결과에서 WHERE 절로 데이터를 걸러내서 T1 테이블에만 있는 데이터를 볼 수 있다.

T2		T1		T1.C1 IS NULL
C1	VAL	C1	C2	
A	100	A	10	FALSE
A	100	A	20	FALSE
B	200	B	10	FALSE
D	100	{NULL}	{NULL}	TRUE

결과

T2		T1	
C1	VAL	C1	C2
D	100	{NULL}	{NULL}

만약 두 집합에 있는 모든 데이터를 봐야 한다면 어떻게 해야 할까? t1 기준으로 아우터 조인한 집합과, t2 기준으로 아우터 조인한 집합을 UNION 하면 원하는 결과를 볼 수 있다.

T1

순번	C1	C2
1	A	10
2	A	20
3	B	10
4	C	10

T2

순번	C1	VAL
1	A	100
2	B	200
3	D	100

T1 기준

T1		T2	
C1	C2	C1	VAL
A	10	A	100
A	20	A	100
B	10	B	200
C	10	{NULL}	{NULL}

T2 기준

T1		T2	
C1	C2	C1	VAL
A	10	A	100
A	20	A	100
B	10	B	200
{NULL}	{NULL}	D	100

결과

T1		T2	
C1	C2	C1	VAL
A	10	A	100
A	20	A	100
B	10	B	200
C	10	{NULL}	{NULL}
{NULL}	{NULL}	D	100

```sql
SELECT  t1.*, t2.*
FROM    t1 LEFT OUTER JOIN t2
ON      ( t1.c1 = t2.c1 )
UNION
SELECT  t1.*, t2.*
FROM    t2 LEFT OUTER JOIN t1
ON      ( t2.c1 = t1.c1 );
```

이 작업을 FULL OUTER JOIN을 쓰면 한 번에 할 수 있다.

```
SELECT *
FROM    T1 FULL OUTER JOIN T2
ON      ( T2.C1 = T1.C1 );
```

UNION으로 붙이는 방법보다 FULL OUTER JOIN을 쓰는 게 SQL 코딩양을 줄여줄 뿐만 아니라 DBMS에 따라 성능이 더 좋기도 하다.

CHAPTER 5 분석함수

5.1. 분석함수 기본 문법

5.2. 다양한 분석함수

CHAPTER 5 분석함수

집계 함수를 사용하면 집계 기준 칼럼 값별로 한 건의 데이터가 나오기 때문에 결과 집합이 변한다. 아래 SQL은 emp 테이블의 데이터 건수만큼 결과가 나오는 게 아니라 deptno 별로 1건의 데이터가 나온다.

```sql
SELECT  a.deptno
      , SUM(a.sal) AS sum_sal
FROM    emp a
GROUP BY a.deptno ;
```

DEPTNO	SUM_SAL
10	8750
20	10875
30	9400

하지만 분석 함수를 사용하면 전체 행을 유지하면서 집계 값을 계산해 새로운 칼럼으로 추가할 수 있다. 이를 통해 원본 데이터와 집계된 값 모두를 동시에 조회할 수 있다.

```sql
SELECT  a.deptno
      , a.sal
      , SUM(a.sal) OVER(PARTITION BY a.deptno) sum_sal
FROM    emp a ;
ORDER BY a.deptno, a.sal
```

DEPTNO	SAL	SUM_SAL
10	1300	8750
10	2450	8750
10	5000	8750
20	800	10875
20	1100	10875
중략		
30	1600	9400
30	2850	9400

5.1. 분석함수 기본 문법

분석함수는 select 절과 order by 절에서 사용할 수 있고 기본 문법은 다음과 같다.

```
함수명(인자값,..) OVER([PARTITION BY 절] [ORDER BY 절] [WINDOWING 절])
[예시]
SUM(a.sal) OVER(PARTITION BY a.deptno ORDER BY a.sal
        ROWS BETWEEN UNBOUNDED PRECEDING AND CURRENT ROW) AS sum_sal
```

5.1.1. WINDOWING 절

분석함수에서 PARTITION BY, ORDER BY, WINDOWING 절은 쓸 수도 있고, 안 쓸 수도 있다. 오라클은 WINDOWING 절을 쓰면 반드시 ORDER BY 절을 써야 오류가 발생하지 않지만, PostgreSQL은 ORDER BY 절 없이 WINDOWING 절을 사용해도 에러가 발생하지 않는다. 하지만 일반적으로 PostgreSQL에서도 의미 있는 결과를 얻기 위해 WINDOWING 절은 ORDER BY 절과 함께 사용하는 것이 좋다.

PARTITION BY 절은 분석 함수를 적용할 때 데이터를 내부적으로 그룹화하는 방법을 정의한다. 예를 들어, 사원의 연봉 정보와 함께 해당 사원이 속한 부서의 총연봉을 계산하려면 'PARTITION

BY 부서'로 지정한다. 이렇게 하면 데이터가 부서별로 그룹화된다.

ORDER BY 절은 WINDOWING 절과 함께 사용되어 분석 함수가 적용될 데이터의 정렬 순서를 지정한다. 'PARTITION BY 부서 ORDER BY 연봉'이라고 작성하면, 먼저 부서별로 데이터를 그룹화한 후, 각 그룹 내에서 연봉에 따라 데이터를 정렬한다.

WINDOWING 절은 분석 함수가 적용될 행의 범위를 지정하는 데 사용된다. WINDOWING 절에서는 'ROWS BETWEEN'이나 'RANGE BETWEEN'을 사용하여 시작 지점과 종료 지점을 지정한다. 예를 들어, 'ROWS BETWEEN 1 PRECEDING AND CURRENT ROW'는 한 줄 이전부터 현재 행까지 함수를 적용한다는 것을 의미한다. WINDOWING 절에 쓰는 내용을 아래 표에 정리했다.

START & END POINT	ROWS(시작 행/ 종료 행)	RANGE(값의 범위)
UNBOUNDED PRECEDING	파티션의 첫 번째 행	(파티션 내)MIN 값
N PRECEDING	(파티션 내에서)현재 행의 이전 n번째 행	현재 행의 값 - n
CURRENT ROW	현재 행	현재 행의 값
N FOLLOWING	(파티션 내에서)현재 행을 기준으로 이후 n번째 행	현재 행의 값 + n
UNBOUNDED FOLLOWING	파티션의 마지막 행	(파티션 내)MAX 값

아래 SQL의 deptno_sum_sal 값은 각 사원이 속한 부서의 sal 값의 합계를 나타내고, job_sum_sal 값은 동일한 직무(job)를 가진 사원들의 sal 값의 합계를 나타낸다. 'PARTITION BY a.deptno' 구문은 deptno 값을 기준으로 데이터를 내부적으로 그룹화하라는 의미이며, 'PARTITION BY a.job은' job 값을 기준으로 그룹화하라는 의미이다. 아래 예시에서는 WINDOWING 절을 사용하지 않았기 때문에, 기본 설정인 '파티션의 첫 행부터 파티션의 끝 행까지'(ROWS BETWEEN UNBOUNDED PRECEDING AND UNBOUNDED FOLLOWING)가 적용된다. 그래서 deptno_sum_sal 값은 내부적으로 deptno 값으로 파티션을 나누고 각 파티션의 전체 데이터의 sal 값의 합으로 계산된다. 분석함수를 쓰면 데이터를 한 번만 읽어서 다양한 집합 레벨로 연산을 할 수 있어서 데이터 분석 및 보고서 작성 시 매우 유용하다.

```sql
SELECT a.ename
     , a.sal
     , a.deptno
     , a.job
     , SUM(a.sal) OVER(PARTITION BY a.deptno) AS deptno_sum_sal
     , SUM(a.sal) OVER(PARTITION BY a.job) AS job_sum_sal
FROM   emp a ;
```

ENAME	SAL	DEPTNO	JOB	DEPTNO_SUM_SAL	JOB_SUM_SAL
MILLER	1300	10	CLERK	8750	4150
CLARK	2450	10	MANAGER	8750	8275
KING	5000	10	PRESIDENT	8750	5000
SCOTT	3000	20	ANALYST	10875	6000
FORD	3000	20	ANALYST	10875	6000
ADAMS	1100	20	CLERK	10875	4150
SMITH	800	20	CLERK	10875	4150
JONES	2975	20	MANAGER	10875	8275
BLAKE	2850	30	MANAGER	9400	8275
JAMES	950	30	CLERK	9400	4150
ALLEN	1600	30	SALESMAN	9400	5600
MARITN	1250	30	SALESMAN	9400	5600
WARD	1250	30	SALESMAN	9400	5600
TURNER	1500	30	SALESMAN	9400	5600

한 가지 예를 더 보자. 아래 SQL은 'PARTITION BY a.deptno'를 사용했으므로 데이터가 deptno 값에 따라 파티션으로 나뉘며, 'ORDER BY a.sal'을 사용했기 때문에 각 파티션 내에서 sal 값에 따라 데이터가 정렬된다. 이 상태에서 sum(a.sal)을 적용하는데 적용할 범위는 'ROWS BETWEEN UNBOUNDED PRECEDING AND CURRENT ROW'에 의해 각 파티션의 첫 번째 행부터 현재 행까지가 된다. 예를 들어, MILLER의 경우 파티션의 첫 번째 행이므로 MILLER의 sal 값만 합산되고, CLARK의 경우에는 MILLER부터 CLARK까지의 sal 값을 합산한다. 마찬가지로 KING을 처리할 때는 MILLER부터 KING까지의 sal 값을 합산하여 dept_sum_sal 값을 계산한다.

```
SELECT a.ename, a.deptno, a.sal
     , SUM(a.sal) OVER( PARTITION BY a.deptno ORDER BY a.sal
                 ROWS BETWEEN UNBOUNDED PRECEDING AND CURRENT ROW) AS dept_sum_sal
FROM    emp a ;
```

ENAME	DEPTNO	SAL	DEPT_SUM_SAL	계산식
MILLER	10	1300	1300	1300
CLARK	10	2450	3750	1300+2450
KING	10	5000	8750	1300+2450+5000
SMITH	20	800	800	800
ADAMS	20	1100	1900	800+1100
JONES	20	2975	4875	800+1100+2975
SCOTT	20	3000	7875	800+1100+2975+3000
FORD	20	3000	10875	800+1100+2975+3000+3000

위 예시에서 WINDOWING 절을 'ROWS BETWEEN 1 PRECEDING AND 1 FOLLOWING'으로 변경하면, 분석 함수가 적용되는 데이터 범위가 현재 행을 포함해 이전 행 1개와 이후 행 1개를 대상으로 한다. 이는 특히 이동 평균, 이동 합계 등을 계산할 때 유용하게 사용될 수 있다.

```
SELECT a.ename, a.deptno, a.sal
     , SUM(a.sal) OVER( PARTITION BY a.deptno ORDER BY a.sal
                 ROWS BETWEEN 1 PRECEDING AND 1 FOLLOWING) AS dept_sum_sal
FROM    emp a ;
```

ENAME	DEPTNO	SAL	DEPT_SUM_SAL	계산식
MILLER	10	1300	3750	1300+2450
CLARK	10	2450	8750	1300+2450+5000
KING	10	5000	7450	2450+5000
SMITH	20	800	1900	800+1100
ADAMS	20	1100	4875	800+1100+2975
JONES	20	2975	7075	1100+2975+3000
SCOTT	20	3000	8975	2975+3000+3000
FORD	20	3000	6000	3000+3000

WINDOWING 절에서 'ROWS BETWEEN' 대신 'RANGE BETWEEN'을 사용하면, 계산의 기준이 행 자체에서 행이 가진 값(ORDER BY 절에서 지정된 값)으로 바뀐다. 'RANGE BETWEEN UNBOUNDED PRECEDING AND CURRENT ROW'를 예로 들면, 파티션의 가장 첫 번째 값부터 현재 행의 값까지를 포함하는 것을 의미한다. 예를 들어 SCOTT의 sal 값이 3000인 경우, 800(파티션의 첫 값)부터 3000(현재 행의 값)까지의 값을 합산한다. 마찬가지로, FORD의 sal 값이 3000이면, SCOTT의 dept_sum_sal을 계산할 때 FORD의 sal 값도 포함된다. 'RANGE BETWEEN 2000 PRECEDING AND 2000 FOLLOWING'는 현재 행의 sal 값에서 2000을 뺀 값부터 2000을 더한 값까지의 범위를 의미한다. 여기서는 값이 기준이므로, 해당 sal 값 범위 안에 있는 행들이 계산에 포함된다.

```sql
SELECT  a.ename
      , a.deptno
      , a.sal
      , SUM(a.sal) OVER(PARTITION BY a.deptno ORDER BY a.sal
                       RANGE BETWEEN UNBOUNDED PRECEDING AND CURRENT ROW) AS dept_sum_sal
FROM    emp a ;
```

ENAME	DEPTNO	SAL	DEPT_SUM_SAL	RANGE 계산식	ROWS 계산식
MILLER	10	1300	1300	1300	1300
CLARK	10	2450	3750	1300+2450	1300+2450
KING	10	5000	8750	1300+2450+5000	1300+2450+5000
SMITH	20	800	800	800	800
ADAMS	20	1100	1900	800+1100	800+1100
JONES	20	2975	4875	800+1100+2975	800+1100+2975
SCOTT	20	3000	10875	800+1100+2975+3000+3000	800+1100+2975+3000
FORD	20	3000	10875	800+1100+2975+3000+3000	800+1100+2975+3000+3000

아래 SQL처럼 분석 함수를 사용할 때 ORDER BY 절과 WINDOWING 절이 없으면, 기본적으로 'ROWS BETWEEN UNBOUNDED PRECEDING AND UNBOUNDED FOLLOWING'이 적용된다. 이는 파티션의 시작부터 끝까지가 연산 범위가 되는 것을 의미한다. 따라서, PARTITION BY만 쓴 dept_sum_sal1 값과 'ROWS BETWEEN UNBOUNDED PRECEDING AND UNBOUNDED FOLLOWING'을 적용한 dept_sum_sal2 값은 같다.

```
SELECT a.ename
     , a.deptno
     , a.sal
     , SUM(a.sal) OVER(PARTITION BY a.deptno ) AS dept_sum_sal1
     , SUM(a.sal) OVER(PARTITION BY a.deptno
                       ROWS BETWEEN UNBOUNDED PRECEDING AND UNBOUNDED FOLLOWING) AS dept_sum_sal2
  FROM   emp a ;
```

ENAME	DEPTNO	SAL	DEPT_SUM_SAL1	DEPT_SUM_SAL2	계산식
MILLER	10	1300	8750	8750	1300+2450+5000
CLARK	10	2450	8750	8750	1300+2450+5000
KING	10	5000	8750	8750	1300+2450+5000
SMITH	20	800	10875	10875	800+1100+2975+3000+3000
ADAMS	20	1100	10875	10875	800+1100+2975+3000+3000
JONES	20	2975	10875	10875	800+1100+2975+3000+3000
SCOTT	20	3000	10875	10875	800+1100+2975+3000+3000
FORD	20	3000	10875	10875	800+1100+2975+3000+3000

만약 WINDOWING 절이 없고, PARTITION BY 절과 ORDER BY 절만 사용한다면, 'RANGE BETWEEN UNBOUNDED PRECEDING AND CURRENT ROW'가 적용된다. 직관적으로 생각할 수 있는 'ROWS BETWEEN' 방식이 아닌 'RANGE BETWEEN' 방식으로 계산되므로 주의가 필요하다.

```
SELECT a.ename
     , a.deptno
     , a.sal
     , SUM(a.sal) OVER(PARTITION BY a.deptno ORDER BY a.sal) AS dept_sum_sal1
     , SUM(a.sal) OVER(PARTITION BY a.deptno ORDER BY a.sal
                       RANGE BETWEEN UNBOUNDED PRECEDING AND CURRENT ROW) AS dept_sum_sal2
  FROM   emp a ;
```

ENAME	DEPTNO	SAL	DEPT_SUM_SAL1	DEPT_SUM_SAL2	계산식
MILLER	10	1300	1300	1300	1300
CLARK	10	2450	3750	3750	1300+2450
KING	10	5000	8750	8750	1300+2450+5000
SMITH	20	800	800	800	800
ADAMS	20	1100	1900	1900	800+1100
JONES	20	2975	4875	4875	800+1100+2975
SCOTT	20	3000	10875	10875	800+1100+2975+3000+3000
FORD	20	3000	10875	10875	800+1100+2975+3000+3000

분석 함수에서 SUM 대신 AVG, MIN, MAX를 사용하면 각각 평균, 최솟값, 최댓값을 구할 수 있다. 참고로, 오라클 데이터베이스는 MEDIAN이라는 함수를 제공하여 중간값을 구할 수 있지만, PostgreSQL은 MEDIAN 함수를 지원하지 않아서 상대적으로 복잡한 쿼리를 만들어야 한다.

5.2. 다양한 분석함수

5.2.1. ROW_NUMBER

ROW_NUMBER 분석 함수는 특정 파티션 내에서 지정된 칼럼 순서에 따라 각 행에 중복되지 않는 순번을 부여한다. 아래 SQL에 사용한 ROW_NUMBER 분석함수는 DEPTNO 값을 기준으로 파티션을 나누고, 그 안에서 SAL 값으로 정렬하여 각 행에 고유한 순번을 부여한다. ROW_NUMBER를 사용할 때, 동일한 SAL 값을 가진 행이 있으면 오라클은 ROWID 값을, PostgreSQL은 CTID 값을 기준으로 순번을 정한다. ROWID와 CTID는 데이터가 저장된 물리적 위치를 나타내는 값이며, 데이터의 저장 위치가 변하면 이 값들도 변한다. 따라서, 저장 위치에 의존하는 ROWID나 CTID는 원치 않는 결과를 초래할 수 있으니 가능하면 PARTITION 내에서 ORDER BY 절 칼럼으로 같은 값이 없게 하는 게 좋다.

```
SELECT  a.ename
      , a.deptno
      , a.sal
      , a.ctid
      , ROW_NUMBER( ) OVER(PARTITION BY a.deptno ORDER BY a.sal) AS rnum
FROM    emp a ;
```

ENAME	DEPTNO	SAL	CTID	RNUM
MILLER	10	1300	(0,14)	1
CLARK	10	2450	(0,7)	2
KING	10	5000	(0,9)	3
SMITH	20	800	(0,1)	1
ADAMS	20	1100	(0,11)	2
JONES	20	2975	(0,4)	3
SCOTT	20	3000	(0,8)	4
FORD	20	3000	(0,13)	5

5.2.2. RANK와 DENSE_RANK

ROW_NUMBER가 중복 없는 고유 순번을 부여한다면 RANK와 DENSE_RANK는 순위를 부여하는데, 이 두 함수는 동일 순위에 대한 처리 방식이 다르다. RANK 함수는 동일 순위 이후의 순위를 건너뛰는 방식으로 작동한다. 예를 들어, 2등이 두 명 있으면 다음 순위는 4등이 된다. 반면, DENSE_RANK는 순위를 건너뛰지 않는다. 즉, 2등이 두 명 있어도 다음 순위는 3등이다. DENSE라는 단어가 빽빽함을 의미하듯이, DENSE_RANK는 순위 사이에 공백을 두지 않고 빽빽하게 순위를 부여한다고 기억하면 편하다.

RANK와 DENSE_RANK 함수에 WINDOWING 절을 사용하는 경우, 오라클에서는 에러가 발생하지만, PostgreSQL에서는 에러가 발생하지 않는다. 그러나 PostgreSQL에서 WINDOWING 절을 사용하더라도 결과에 차이가 없기 때문에 WINDOWING 절을 생략하는 것이 일반적이다.

```sql
SELECT a.ename
     , a.deptno
     , a.sal
     , RANK( ) OVER(PARTITION BY a.deptno ORDER BY a.sal ) AS rnk
     , DENSE_RANK( ) OVER(PARTITION BY a.deptno ORDER BY a.sal) AS d_rnk
  FROM   emp a ;
```

ENAME	DEPTNO	SAL	RNK	D_RNK
MILLER	10	1300	1	1
CLARK	10	2450	2	2
KING	10	5000	3	3
JAMES	30	950	1	1
MARTIN	30	1250	2	2
WARD	30	1250	2	2
TURNER	30	1500	4	3
ALLEN	30	1600	5	4
BLAKE	30	2850	6	5

5.2.3. LEAD와 LAG

LEAD와 LAG 함수는 특정 파티션 내에서 정렬한 후 다음 행(LEAD) 또는 이전 행(LAG)의 값을 가져오는 데 사용된다. 이 함수들은 특정 칼럼값을 기준으로 행 간의 관계를 분석하는 데 유용하다. 오라클에서는 LEAD와 LAG 함수에 WINDOWING 절을 사용하면 에러가 발생하지만, PostgreSQL에서는 이 함수들에 WINDOWING 절을 사용해도 에러가 발생하지 않는다. 그러나 PostgreSQL에서는 LEAD와 LAG 함수에 WINDOWING 절을 사용해도 결과가 변하지 않으므로 이 함수들을 사용할 때는 WINDOWING 절을 생략하는 것이 일반적이다.

아래 SQL에서 LEAD_1은 다음 행의 값을, LEAD_2는 그다음 행의 값을 가져오고 LAG_1은 한 행 이전의 값을, LAG_2는 두 행 이전의 값을 가져온다. 함수에 쓴 두 번째 인자 값이 이전이나 이후 몇 번째 값을 가져올지를 결정하며, 생략 시 기본 값인 1을 적용한다.

```
SELECT a.ename
     , a.deptno
     , a.sal
     , LEAD(a.sal) OVER(PARTITION BY a.deptno ORDER BY a.sal, a.ename) AS lead_1
     , LEAD(a.sal,2) OVER(PARTITION BY a.deptno ORDER BY a.sal, a.ename) AS lead_2
     , a.sal
     , LAG(a.sal) OVER(PARTITION BY a.deptno ORDER BY a.sal, a.ename) AS lag_1
     , LAG(a.sal,2) OVER(PARTITION BY a.deptno ORDER BY a.sal, a.ename) AS lag_2
  FROM emp a ;
```

ENAME	DEPTNO	SAL	LEAD_1	LEAD_2	SAL	LAG_1	LAG_2
MILLER	10	1300	2450	5000	1300		
CLARK	10	2450	5000		2450	1300	
KING	10	5000			5000	2450	1300
SMITH	20	800	1100	2975	800		
ADAMS	20	1100	2975	3000	1100	800	
JONES	20	2975	3000	3000	2975	1100	800
FORD	20	3000	3000		3000	2975	1100
SCOTT	20	3000			3000	3000	2975

LEAD나 LAG 함수를 사용할 때 반환할 값이 없으면 기본적으로 NULL을 반환하는데 특정 값으로 대체하고 싶을 때 오라클에서는 NVL 함수를 사용하거나 아래 SQL처럼 LEAD나 LAG 함수에 세 번째 인자값을 추가할 수 있다. 하지만 PostgreSQL에서는 LEAD와 LAG 함수에서 세 번째 인자값을 줄 수 없다. 그래서 LEAD, LAG 함수 결과가 NULL일 때 다른 값으로 변경하려면 함수 결과에 COALESCE 함수를 적용해야 한다.

```
LEAD(a.sal,1,0) OVER(PARTITION BY a.deptno ORDER BY a.sal, a.ename)
LAG(a.sal,1,0) OVER(PARTITION BY a.deptno ORDER BY a.sal, a.ename)
```

5.2.4. LISTAGG, STRING_AGG, ARRAY_AGG

[T1 테이블]

C1	C2
a	y
a	x
a	y
b	y
b	z
b	y

오라클에서 여러 줄의 데이터를 지정한 구분자로 연결된 한 줄의 문자열로 변환할 때 LISTAGG 함수를 사용한다. 이 함수는 지정된 구분자를 사용하여 여러 행의 데이터를 하나의 문자열로 결합하는 데 유용하다. 아래 예시에 적은 'LISTAGG(c2,',') WITHIN GROUP(ORDER BY c2) c2_agg' 구문은 c2의 각 값을 쉼표(',')로 구분하여 하나의 문자열로 결합하는데 c2 칼럼 순서로 결합하라는 의미다.

```
[오라클]
SELECT   t1.c1
       , LISTAGG(c2,',') WITHIN GROUP(ORDER BY c2) c2_agg
       , LISTAGG(DISTINCT c2,',') WITHIN GROUP(ORDER BY c2) dis_c2_agg /* 중복값 제거 */
FROM     t1
GROUP BY t1.c1;
```

오라클의 LISTAGG는 PostgreSQL에서 STRING_AGG로 변환할 수 있다.

```
[PostgreSQL]
SELECT c1
     , STRING_AGG(c2,',' ORDER BY c2) c2_agg
     , STRING_AGG(DISTINCT c2,',' ORDER BY c2) dis_c2_agg /* 중복값 제거 */
FROM    t1
GROUP BY c1;
```

C1	C2_AGG	DIS_C2_AGG
a	x,y,y	x,y
b	y,y,z	y,z

오라클의 LISTAGG 함수는 GROUP BY 절 없이 분석 함수로 사용할 수 있으며, ORDER BY는 물론 DISTINCT 키워드도 사용할 수 있다.

```
SELECT t1.c1
     , LISTAGG(c2,',') WITHIN GROUP(ORDER BY c2) OVER(PARTITION BY c1) c2_agg
     , LISTAGG(DISTINCT c2,',') WITHIN GROUP(ORDER BY c2) OVER(PARTITION BY c1) dis_c2_agg
FROM    t1 ;
```

C1	C2_AGG	DIS_C2_AGG
a	x,y,y	x,y
a	x,y,y	x,y
a	x,y,y	x,y
b	y,y,z	y,z
b	y,y,z	y,z
b	y,y,z	y,z

PostgreSQL의 STRING_AGG도 GROUP BY 절 없이 분석 함수로 사용할 수 있다. 하지만 STRING_AGG는 기본적으로 RANGE BETWEEN UNBOUNDED PRECEDING AND CURRENT ROW로 동작하기 때문에 오라클의 LISTAGG와 같은 결과를 얻으려면 WINDOWING 절에 ROWS BETWEEN UNBOUNDED PRECEDING AND UNBOUNDED FOLLOWING을 명

시적으로 사용해야 한다. (위에서 본 오라클의 c2_agg 값과 아래의 str_agg_win 값이 같다.)

```
SELECT c1
     , STRING_AGG(c2,',') OVER(PARTITION BY c1 ORDER BY c2) str_agg
     , STRING_AGG(c2,',') OVER(PARTITION BY c1 ORDER BY c2
                          ROWS BETWEEN UNBOUNDED PRECEDING AND UNBOUNDED FOLLOWING) str_agg_win
  FROM   t1 ;
```

C1	STR_AGG	STR_AGG_WIN
a	x	x,y,y
a	x,y,y	x,y,y
a	x,y,y	x,y,y
b	y,y	y,y,z
b	y,y	y,y,z
b	y,y,z	y,y,z

PostgreSQL의 STRING_AGG는 오라클의 LISTAGG와 달리 분석 함수 형태로 사용했을 때 DISTINCT 기능을 지원하지 않는다.

```
SELECT c1
     , STRING_AGG(DISTINCT c2,',')
              OVER(PARTITION BY c1 ORDER BY c2
                   ROWS BETWEEN UNBOUNDED PRECEDING AND UNBOUNDED FOLLOWIN) str_agg_win
  FROM   t1 ;

SQL Error [0A000]: 오류: 윈도우 함수에 대해 DISTINCT가 구현되지 않음
```

PostgreSQL에서 DISTINCT 기능을 구현하려면, 아래 예시 SQL처럼 STRING_AGG 대신 ARRAY_AGG, UNNEST, ARRAY_TO_STRING을 중첩해서 사용해야 한다.

```sql
SELECT t10.c1
     , ARRAY_TO_STRING(ARRAY(SELECT DISTINCT UNNEST(t10.arr_agg) ORDER BY 1 ), ',') dis_arr_agg
     , ARRAY_TO_STRING(ARRAY(SELECT DISTINCT UNNEST(t10.arr_agg) ORDER BY 1 DESC), ',') dis_arr_agg_desc
  FROM (
        SELECT c1
             , ARRAY_AGG(c2) OVER(PARTITION BY c1) arr_agg
          FROM t1
       ) t10;
```

C1	DIS_ARR_AGG	DIS_ARR_AGG_DESC
a	x,y	y,x
a	x,y	y,x
a	x,y	y,x
b	y,z	z,y
b	y,z	z,y
b	y,z	z,y

5.2.5. CUME_DIST

CUME_DIST는 cumulative distribution을 의미하는 함수로, 한국어로 '누적분포함수'라고 한다. 이 함수는 특정 값보다 작거나 같은 확률을 의미하는데, CUME_DIST 함수에서 특정 값은 해당 row의 값이다. 아래 표의 2022-01-02 값을 예로 들면, 전체 7건 중 2022-01-02보다 작거나 같은 건수는 3건이다. 그러므로 3/7으로 계산해서 0.4285가 결과로 나온다.

```sql
SELECT t1.part_num
     , t1.dt
     , CUME_DIST() OVER(PARTITION BY t1.part_num ORDER BY t1.dt)
  FROM cum_dist_tab t1 ;
```

PART_NUM	DT	CUME_DIST
1	2022-01-01	0.2857142857142857
1	2022-01-01	0.2857142857142857
1	2022-01-02	0.42857142857142855
1	2022-01-03	0.5714285714285714
1	2022-01-04	0.7142857142857143
1	2022-01-05	1
1	2022-01-05	1

5.2.6. PERCENT_RANK

PERCENT_RANK는 백분위 순위를 구하는 분석 함수다. 수능 백분위를 생각하면 이해하기 좋다. 0과 1 사이의 값이 나오는데, 최젓값은 데이터 중복 여부와 상관없이 결과가 0이지만, 최곳값은 중복이 없으면 1, 중복이 있으면 1보다 작은 수가 나온다. PERCENT_RANK는 '(그룹별 RANK-1) / (그룹별 전체 row 수-1)'의 결괏값을 나타낸다. 2022-01-02에 대한 0.285 값은, 100등으로 환산했을 때 약 28.5등임을 의미한다. 가장 큰 값이 중복되어 1이 아닌 0.857이 나오는 점에도 주의해야 한다.

```sql
SELECT t1.part_num
     , t1.dt
     , PERCENT_RANK() OVER(PARTITION BY t1.part_num ORDER BY t1.dt)
FROM   percent_rank_tab t1 ;
```

PART_NUM	DT	PERCENT_RANK
B01	2022-01-01	0
B01	2022-01-01	0
B01	2022-01-02	0.285714
B01	2022-01-03	0.428571
B01	2022-01-04	0.571429
B01	2022-01-04	0.571429
B01	2022-01-05	0.857143
B01	2022-01-05	0.857143

5.2.7. NTILE

NTILE 함수는 지정한 그룹 수에 따라 데이터 건수를 최대한 균등하게 분할한다. 아래 표에서 6개의 데이터를 2개, 3개, 4개 그룹으로 나눌 때 값의 변화를 볼 수 있다. NTILE2는 2개 그룹으로, NTILE3은 3개 그룹으로, NTILE4는 4개 그룹으로 전체 데이터를 나눴을 때의 결괏값이다.

```sql
SELECT  t1.part_num
      , t1.val
      , NTILE(2) OVER(PARTITION BY t1.part_num ORDER BY val) AS ntile2
      , NTILE(3) OVER(PARTITION BY t1.part_num ORDER BY val) AS ntile3
      , NTILE(4) OVER(PARTITION BY t1.part_num ORDER BY val) AS ntile4
FROM    ntile_tab t1 ;
```

PART_NUM	VAL	NTILE2	NTILE3	NTILE4
P01	A	1	1	1
P01	B	1	1	1
P01	C	1	2	2
P01	D	2	2	2
P01	E	2	3	3
P01	F	2	3	4

5.2.8. FIRST_VALUE, LAST_VALUE

FIRST_VALUE는 해당 그룹 또는 윈도우의 첫 번째 행의 값을, LAST_VALUE는 마지막 행의 값을 구한다. f_val 값은 파티션별로 dt 값 순서로 정렬한 첫 번째 값을 의미한다. P1 파티션에서는 NULL이 나오고, P2 파티션에서는 100이 나온다. l_val은 파티션별로 dt 값 순서로 정렬한 마지막 값을 의미한다. P1 파티션 에서는 모두 10이 나올 것 같지만 실제로는 그렇지 않다. 분석 함수에서 WINDOWING 절 없이 ORDER BY를 사용하면 'RANGE BETWEEN UNBOUNDED PRECEDING AND CURRENT ROW'로 동작한다. 따라서 P1의 l_val 첫 번째 값은 파티션의 첫 번째인 NULL부터 현재 행인 NULL까지에서 마지막 값, 두 번째 값은 NULL부터 30까지의 마지막 값, 세 번째 값은 NULL부터 10까지의 마지막 값으로 계산돼서 NULL, 30, 10 순서로 값이 나온다.

파티션의 실제 마지막 값을 출력하려면 WINDOWING 절도 명시해야 한다. FIRST_VALUE로 구한 값을 LAST_VALUE로 변환할 수 있지만, LAST_VALUE의 의미 파악이 직관적이지 않기 때문에 FIRST_VALUE의 ORDER BY 절을 DESC로 변경하여 LAST_VALUE를 대신 사용하는 것을 개인적으로 더 좋아한다.

```sql
SELECT t1.part_num
     , t1.dt
     , t1.val
     , FIRST_VALUE(t1.val) OVER(PARTITION BY t1.part_num ORDER BY t1.dt) f_val
     , LAST_VALUE(t1.val) OVER( PARTITION BY t1.part_num ORDER BY t1.dt) l_val
     , LAST_VALUE(t1.val) OVER( PARTITION BY t1.part_num ORDER BY t1.dt
                ROWS BETWEEN UNBOUNDED PRECEDING AND UNBOUNDED FOLLOWING) l_val_win
  FROM   fl_val t1 ;
```

PART_NUM	DT	VAL	F_VAL	L_VAL	L_VAL_WIN
P1	2022-01-01	{null}	{null}	{null}	10
P1	2022-01-02	30	{null}	30	10
P1	2022-01-03	10	{null}	10	10
P2	2022-02-01	100	100	100	{null}
P2	2022-02-02	300	100	300	{null}
P2	2022-02-03	{null}	100	{null}	{null}

FIRST_VALUE와 LAST_VALUE를 구할 때 NULL을 제외하고 구하려면 오라클에서는 IGNORE NULLS 구문을 사용할 수 있다. 아래 표의 f_in_val의 첫 번째 값이 NULL인 이유는 ORDER BY만 사용했기 때문에 'RANGE BETWEEN UNBOUNDED PRECEDING AND CURRENT ROW'로 동작하며, 이에 따라 파티션의 첫 번째 행부터 첫 번째 행 값인 NULL까지가 범위가 된다. NULL을 제외한 첫 번째 값을 구하려면 'IGNORE NULLS'와 WINDOWING 절을 함께 사용해야 한다. (f_in_val_win 칼럼)

```
[오라클]
SELECT t1.part_num
     , t1.dt
     , t1.val
     , FIRST_VALUE(t1.val) OVER(PARTITION BY t1.part_num ORDER BY t1.dt) f_val
     , FIRST_VALUE(t1.val) IGNORE NULLS OVER(PARTITION BY t1.part_num ORDER BY t1.dt) f_in_val
     , FIRST_VALUE(t1.val) IGNORE NULLS OVER(PARTITION BY t1.part_num ORDER BY t1.dt
                           ROWS BETWEEN UNBOUNDED PRECEDING AND UNBOUNDED FOLLOWING) f_in_val_win
FROM    fl_val t1 ;
```

PART_NUM	DT	VAL	F_VAL	F_IN_VAL	F_IN_VAL_WIN
P1	2022-01-01	{null}	{null}	{null}	30
P1	2022-01-02	30	{null}	30	30
P1	2022-01-03	10	{null}	30	30
P2	2022-02-01	100	100	100	100
P2	2022-02-02	300	100	100	100
P2	2022-02-03	{null}	100	100	100

PostgreSQL은 'IGNORE NULLS' 구문을 지원하지 않는다. PostgreSQL에서 'IGNORE NULLS'와 같은 결과를 구하려면 ORDER BY 절에 가공된 칼럼을 추가해야 한다.

```
[PostgreSQL]
 SELECT t1.part_num
      , t1.dt
      , t1.val
      , FIRST_VALUE(t1.val) OVER(PARTITION BY t1.part_num ORDER BY t1.dt) f_val
      , FIRST_VALUE(t1.val) OVER(PARTITION BY t1.part_num
                    ORDER BY CASE WHEN t1.val IS NULL THEN 1 ELSE 0 END, t1.dt) f_in_val
 FROM    fl_val t1;
```

PART_NUM	DT	VAL	F_VAL	F_IN_VAL
P1	2022-01-01	{null}	{null}	30
P1	2022-01-02	30	{null}	30
P1	2022-01-03	10	{null}	30
P2	2022-02-01	100	100	100
P2	2022-02-02	300	100	100
P2	2022-02-03	{null}	100	100

5.2.9. NTH_VALUE

NTH_VALUE는 사용자가 지정한 특정 번째 값을 가져오는 것을 제외하곤 FIRST_VALUE, LAST_VALUE와 동작 방식이 같다. 오라클에서는 NTH_VALUE에도 IGNORE NULLS 구문을 지원한다.

```
SELECT t1.part_num
     , t1.dt
     , t1.val
     , FIRST_VALUE(t1.val) OVER(PARTITION BY t1.part_num ORDER BY t1.dt) f_val
     , NTH_VALUE(t1.val,2) OVER(PARTITION BY t1.part_num ORDER BY t1.dt
                         ROWS BETWEEN UNBOUNDED PRECEDING AND UNBOUNDED FOLLOWING) sec_val
FROM    fl_val t1 ;
```

PART_NUM	DT	VAL	F_VAL	SEC_VAL
P1	2022-01-01	{null}	{null}	30
P1	2022-01-02	30	{null}	30
P1	2022-01-03	10	{null}	30
P2	2022-02-01	100	100	300
P2	2022-02-02	300	100	300
P2	2022-02-03	{null}	100	300

CHAPTER 6

SQL 활용

6.1. 조인 업데이트
6.2. **DML을 포함한 WITH절**
6.3. LATERAL
6.4. 기타 SQL 사용법

CHAPTER 6

SQL 활용

6.1. 조인 업데이트

A 테이블의 데이터와 B 테이블의 데이터를 조인한 결괏값을 사용하여 B 테이블의 데이터를 업데이트할 수 있다. 이 기능을 '조인 업데이트'(join update)라고 한다. emp_source 테이블에 있는 연봉 인상 대상자, 인상 후 연봉 데이터를 사용하여 사원 정보를 관리하는 'emp_target' 테이블을 업데이트하는 상황을 가정하자.

[EMP_SOURCE]

ENAME	JOB	SAL
SMITH	CLERK	1600
ALLEN	SALESMAN	3200

[EMP_TARGET]

EMPNO	ENAME	JOB	MGR	HIREDATE	SAL	COMM	DEPTNO
7369	SMITH	CLERK	7902	1980-12-09	800	{NULL}	20
7499	ALLEN	SALESMAN	7698	1981-02-11	1600	300	30
7521	WARD	SALESMAN	7698	1981-02-23	1250	500	30
7566	JONES	MANAGER	7839	1981-04-01	2975	{NULL}	20
7654	MARTIN	SALESMAN	7698	1981-09-10	1250	1400	30

6.1.1. 오라클의 조인 업데이트

업데이트 대상이 있는 테이블(emp_source)과 업데이트할 데이터가 있는 테이블(emp_target)을 조인한다.

```sql
SELECT t1.ename AS src_ename , t1.job AS src_job
     , t1.sal   AS src_sal   , t2.sal AS tgt_sal
FROM   emp_source t1
     , emp_target t2
WHERE  t2.ename = t1.ename
AND    t2.job = t1.job ;
```

SRC_ENAME	SRC_JOB	SRC_SAL	TGT_SAL
SMITH	CLERK	1600	800
ALLEN	SALESMAN	3200	1600

위 SQL 결과에서 src는 emp_source 테이블의 데이터를, tgt는 emp_target 테이블의 데이터를 나타낸다. SMITH의 경우 현재 값이 800인데, 이 값을 1600으로 업데이트하면 된다. 그러므로 위 SQL에 UPDATE 문을 적용하여 다음과 같이 만든다.

```sql
UPDATE (
       SELECT t1.ename AS src_ename, t1.job AS src_job
            , t1.sal   AS src_sal  , t2.sal AS tgt_sal
       FROM   emp_source t1
            , emp_target t2
       WHERE  t2.ename = t1.ename
       AND    t2.job   = t1.job
       ) t10
SET t10.tgt_sal = t10.src_sal ;
ORA-01779: 키-보존된것이 아닌 테이블로 대응한 열을 수정할 수 없습니다.
```

위 SQL은 오라클에서 에러가 발생한다. 이는 emp_source 테이블에 조인 칼럼으로 유니크 인덱스가 없기 때문이다. 12c 이전 버전에서는 힌트를 사용하여 이 문제를 해결했지만, 12c 버전 이후는 아래 SQL처럼 조인 칼럼으로 유니크하게 집합을 가공하여 에러 없이 처리할 수 있다.

```sql
UPDATE (
    SELECT t10.src_ename , t10.src_job
         , t10.src_sal   , t20.sal AS tgt_sal
    FROM   (
             SELECT t1.ename AS src_ename, t1.job AS src_job
                  , MAX(sal) AS src_sal
             FROM   emp_source t1
             GROUP BY t1.ename, t1.job
           ) t10
         , emp_target t20
    WHERE  t20.ename = t10.src_ename
    AND    t20.job   = t10.src_job
  ) t100
SET t100.tgt_sal = t100.src_sal ;
```

EMPNO	ENAME	JOB	MGR	HIREDATE	SAL	COMM	DEPTNO
7369	SMITH	CLERK	7902	1980-12-09	1600	{NULL}	20
7499	ALLEN	SALESMAN	7698	1981-02-11	3200	300	30
7521	WARD	SALESMAN	7698	1981-02-23	1250	500	30
7566	JONES	MANAGER	7839	1981-04-01	2975	{NULL}	20
7654	MARTIN	SALESMAN	7698	1981-09-10	1250	1400	30

위 표에서 SMITH와 ALLEN의 SAL 값이 변경된 것을 확인할 수 있다. 같은 작업을 다음 예시처럼 MERGE 문을 이용해서도 수행할 수 있다. MERGE 문에서는 업데이트할 소스(emp_source)와 타겟(emp_target)을 조인하고, emp_target의 행을 식별할 수 있는 rowid를 선택한다('t20' 부분). 이 rowid를 사용하여 emp_target 테이블 데이터를 찾아가서(ON 절) 업데이트를 수행한다. 이 MERGE 문은 이전에 본 JOIN-UPDATE 문장과 정확히 같은 행을 업데이트한다.

```
MERGE INTO emp_target t10
USING (
    SELECT  t1.ename AS src_ename
          , t1.job   AS src_job
          , t1.sal   AS src_sal
          , t2.sal   AS tgt_sal
          , t2.rowid AS tgt_rid
    FROM    emp_source t1
          , emp_target t2
    WHERE   t2.ename = t1.ename
    AND     t2.job   = t1.job
    ) t2
ON  (t10.rowid = t20.tgt_rid)
WHEN MATCHED THEN
UPDATE SET t10.sal = t20.src_sal ;
```

6.1.2. PostgreSQL의 조인 업데이트

PostgreSQL에서는 오라클에서 사용하는 JOIN-UPDATE 형식이나 MERGE 문을 사용할 수 없다.[1] MSSQL처럼 UPDATE 문장에 FROM 절을 직접 사용하는 방식은 PostgreSQL에서 에러가 발생하지 않지만, 결과가 올바르지 않을 수 있으므로 사용하지 않는 것이 좋다.

MSSQL에서 사용하는 JOIN-UPDATE 형식인 다음 SQL은 PostgreSQL에서 원치 않는 결과를 초래할 수 있다. 이 SQL을 **PostgreSQL에서 사용하면 emp_source에 있는 2건만이 아닌 emp_target에 있는 전체 데이터를 업데이트한다.** PostgreSQL에서 JOIN-UPDATE를 수행할 때는 최종 업데이트 대상 테이블과의 조인 조건을 WHERE 절에 명시해야 하는데 MSSQL 방식으로 작성하면 최종 업데이트 대상 테이블과의 조인 조건이 없어서 emp_target의 전체 데이터가 업데이트 된다.

---

[1] PostgreSQL 15버전부터 merge 구문을 지원한다.

```
UPDATE emp_target
SET    sal = t2.sal
FROM   emp_target t1 INNER JOIN emp_source t2
ON     (   t2.ename = t1.ename
       AND t2.job = t1.job ) ;
```

MSSQL에서 사용하는 형식을 PostgreSQL에서 적용하려면 다음 예시처럼 수정해야 한다. 이 방법을 사용하면 원하는 결과를 얻을 수 있지만, 동일한 테이블을 불필요하게 두 번 사용하는 비효율이 있으며, SQL이 복잡해진다는 단점이 있다.

```
UPDATE emp_target
SET    sal = t2.sal
FROM   emp_target t1 INNER JOIN emp_source t2
ON     (   t1.ename = t1.ename
       AND t2.job = t1.job )
WHERE  emp_target.ename = t2.ename
AND    emp_target.job = t2.job ;
```

이런 이유로 PostgreSQL에서 조인 업데이트를 수행할 때는 MSSQL 형식 대신 다음 예시와 같은 방식을 사용하는 것이 좋다. FROM 절에 업데이트 소스가 있고 UPDATE 절에 업데이트할 타겟이 있다. WHERE 절에는 소스와 타겟 테이블의 조인 조건을 일반 조인 문장처럼 쓴다. 유의할 점은 업데이트할 테이블인 emp_target에 별칭(alias)을 사용할 수 없다는 것이다. 그래서 아래 예시에서도 WHERE 절에 쓴 칼럼 명 앞에 테이블 명을 명시적으로 적었다.[1] 또한, SET 절에 쓰인 업데이트 대상 칼럼에는 테이블 명이나 별칭을 사용할 수 없다.

---

[1] 단순 update 문장에서는 Alias 사용이 가능하지만, 조인 업데이트와 통일성을 위해 Alias 미사용.

```
UPDATE  emp_target
SET     sal = t2.sal
FROM    emp_source t2
WHERE   emp_target.ename = t2.ename
AND     emp_target.job = t2.job ;
```

지금까지는 A,B 두 테이블을 조인해서 A나 B 테이블을 업데이트하는 방식을 살펴보았다. 이제 A,B 두 테이블을 조인해서 구한 값을 사용해 C 테이블을 업데이트하는 예시를 살펴보자. t2와 t3 두 테이블을 조인하고, 최종 업데이트 대상인 emp_target 테이블과의 조인 조건은 WHERE 절에 명시해야 한다. 나머지 사항은 이전에 설명한 조인 업데이트와 동일하다.

```
UPDATE  emp_target
SET     sal = t3.sal
FROM    emp_source t2 INNER JOIN emp_source2 t3
ON      (   t2.ename = t3.ename
        AND t2.job = t3.job
        )
WHERE   emp_target.ename = t3.ename
AND     emp_target.job = t3.job ;
```

6.2. DML을 포함한 WITH절

DML(Data Manipulation Language)을 포함한 WITH 절을 사용하면 한 트랜잭션 내에서 여러 테이블에 데이터를 입력할 수 있다. 오라클에는 이러한 기능을 위해 'INSERT ALL'과 'INSERT FIRST' 구문이 있다. 이와 유사한 기능을 PostgreSQL에서 구현하는 방법을 살펴보자. DML을 포함한 WITH 절은 복잡한 쿼리 작업을 단순화하고, 여러 DML 작업을 효율적으로 그룹화할 수 있다. 이 책에서는 편의상 'WITH DML'로 부르겠다.

6.2.1. 기본적인 WITH DML 구문

다음 SQL은 empno가 7369인 데이터를 emp_target에서 찾은 후 sal 값을 1000으로 업데이트한다. 업데이트 결과를 RETURNING 절을 사용하여 확인할 수도 있고, 결과를 다른 테이블에 데이터로 삽입할 수도 있다. 결과가 나왔다는 것은 이미 emp_target 테이블의 업데이트가 완료되었음을 의미한다.

```
WITH emp_upd_rslt AS
(
UPDATE  emp_target
SET     sal = 1000
WHERE   empno = 7369
RETURNING *
)
SELECT  *
FROM    emp_upd_rslt ;
```

[결과]

EMPNO	ENAME	JOB	MGR	HIREDATE	SAL	COMM	DEPTNO
7369	SMITH	CLERK	7902	1980-12-17	1000	20	20

6.2.2. WITH DML을 이용한 MULTI TABLE INSERT

WITH DML을 이용하면 한 트랜잭션에서 여러 테이블에 데이터를 입력할 수 있다. 만약 edi 테이블에 데이터를 넣을 때, edi_log 테이블에도 동일한 데이터를 넣어야 한다면 WITH DML을 사용하는 것이 좋다. 아래와 같은 edi 테이블이 있다고 가정하자:

- edi_seq : EDI 순번
- edi_rcv_dt : EDI 수신 일시
- edi_sts_cd : EDI 수신 상태

EDI_SEQ	EDI_RCV_DT	EDI_STS_CD
1	2021-12-02 12:49:45.644117	S
2	2021-12-02 12:49:45.644145	F
3	2021-12-02 12:49:45.644150	S
4	2021-12-02 12:49:45.644155	F
5	2021-12-02 12:49:45.644159	S

위 데이터 상태에서 다음 SQL을 수행하면, edi 테이블에 edi_seq가 6인 데이터를 추가하면서 edi_log 테이블에도 동일한 데이터가 추가된다. 하나의 SQL로 처리되므로, 트랜잭션 처리도 함께 이루어진다. 입력 후 edi와 edi_log 테이블의 데이터를 조회하면, 새로 추가된 데이터를 확인할 수 있다.

```
WITH edi_ins AS
(
INSERT INTO edi(edi_seq, edi_rcv_dt       , edi_sts_cd)
VALUES        (  6    , current_timestamp, 'S'        )
RETURNING *
)
INSERT INTO edi_log (edi_seq , edi_rcv_dt , edi_sts_cd )
SELECT *
FROM   edi_ins ;
```

테이블명	EDI_SEQ	EDI_RCV_DT	EDI_STS_CD
edi	6	2021-12-02 16:00:07.791229	S
edi_log	6	2021-12-02 16:00:07.791229	S

WITH DML을 사용하면, edi 테이블에 데이터가 들어올 때 edi_sts_cd 값에 따라 데이터를 서로 다른 테이블에 입력할 수 있다. 예를 들어, edi_sts_cd 값이 S이면 edi_sts_s 테이블에, F면 edi_sts_f 테이블에, NULL이면 edi_null 테이블에 데이터를 입력할 수 있다. 이 방법을 사용하면 데이터에 따라 다른 테이블에 데이터를 입력할 수 있으며, 모든 과정을 하나의 트랜잭션으로 처리할 수 있다. 다음 예시에서는 edi에 입력한 값의 edi_sts_cd가 S이므로 edi 데이터 생성과 동일한 트랜잭션으로 edi_s 테이블에도 데이터를 생성한다.

```sql
WITH edi_ins AS
(
INSERT INTO edi (edi_seq, edi_rcv_dt         , edi_sts_cd)
VALUES          (6       , current_timestamp, 'S')
RETURNING *
)
, edi_sts_s AS
(
INSERT INTO edi_s
SELECT edi_seq, edi_rcv_dt, edi_sts_cd
FROM   edi_ins
WHERE  edi_sts_cd = 'S'
)
, edi_sts_f AS
(
INSERT INTO edi_f
SELECT edi_seq, edi_rcv_dt, edi_sts_cd
FROM   edi_ins
WHERE  edi_sts_cd = 'F'
)
INSERT INTO edi_null
SELECT edi_seq, edi_rcv_dt, edi_sts_cd
FROM   edi_ins
WHERE  edi_sts_cd IS NULL ;
```

WITH DML에서 반드시 RETURNING 절이 있어야 하는 것은 아니다. 특정 조건에 따라 입력 테이블이 다를 때 WITH 구문을 사용하여 처리할 수 있다. 아래는 edi 테이블의 데이터를 edi_sts_cd 값에 따라 서로 다른 테이블에 하나의 트랜잭션으로 데이터를 입력하는 예시다.

```
WITH edi_sts_s AS (
            INSERT INTO edi_s
            SELECT edi_seq, edi_rcv_dt, edi_sts_cd
            FROM   edi
            WHERE  edi_sts_cd = 'S')
    , edi_sts_f AS (
            INSERT INTO edi_f
            SELECT edi_seq, edi_rcv_dt, edi_sts_cd
            FROM   edi
            WHERE  edi_sts_cd = 'F')
INSERT INTO edi_null
SELECT edi_seq, edi_rcv_dt, edi_sts_cd
FROM   edi
WHERE  edi_sts_cd IS NULL ;
```

6.2.3. WITH DML을 이용한 UPSERT

ORACLE에서 특정 데이터가 테이블에 존재할 경우 업데이트하고, 존재하지 않을 경우 입력하는 작업을 할 때 MERGE 구문을 사용한다. PostgreSQL은 MERGE 구문을 직접 지원하지 않지만, WITH DML과 RETURNING 절을 이용해 UPSERT(update or insert) 기능을 구현할 수 있다. 아래는 edi 테이블에 edi_seq 값이 3인 데이터가 존재하면 업데이트하고, 존재하지 않으면 입력하는 예시다.

```
WITH upsert AS
(
UPDATE edi
SET     edi_rcv_dt = current_timestamp
      , edi_sts_cd = 'F'
WHERE edi_seq = 3
RETURNING *
)
INSERT INTO edi
SELECT 3
     , current_timestamp
     , 'F'
WHERE NOT EXISTS (SELECT * FROM upsert) ;
```

6.2.4. ON CONFLICT를 사용한 제약 조건 처리

데이터 입력 시 PK 값 중복과 같은 제약 조건으로 인한 에러가 발생할 수 있다. 이런 상황을 처리하기 위해 ON CONFLICT 구문을 사용하여 에러를 내지 않고, 아무것도 하지 않거나 업데이트를 수행하게 할 수 있다. edi 테이블에 데이터를 입력할 때 PK 중복 오류가 발생하면 에러 없이 아무것도 하지 않고 작업을 마치는 예시를 살펴보자.

```
INSERT INTO edi VALUES(1, current_timestamp,'S')
ON CONFLICT
ON CONSTRAINT edi_pk
DO NOTHING ;
```

DO NOTHING 대신 UPDATE 문장을 사용해서, PK 중복 오류가 발생하면 지정한 값으로 업데이트를 수행할 수 있다. 다음 SQL은 edi 테이블에 데이터를 넣을 때 PK 중복 오류가 발생하면 입력한 값으로 업데이트하는 SQL이다. 입력한 값을 참조할 때는 excluded 키워드를 사용한다. 다음 SQL은 UPDATE 문장의 WHERE 절에 edi_sts_cd 〈 〉 'S' 조건이 포함되어 있으므로, PK 중복이 발생하고 edi_sts_cd가 S가 아닌 경우에만 업데이트를 수행하고, S인 경우에는 데이터를 그대로 유지한다.

```sql
INSERT INTO edi VALUES(1, current_timestamp,'S')
ON CONFLICT
ON CONSTRAINT edi_pk
DO UPDATE
SET (edi_rcv_dt, edi_sts_cd) = (excluded.edi_rcv_dt, excluded.edi_sts_cd)
WHERE excluded.edi_sts_cd <> 'S' ;
```

6.3. LATERAL

ORACLE 12c 이전 버전까지는 LATERAL 키워드를 DBMS 내부적으로만 사용하고 사용자가 직접 사용할 수 없었는데, 12c 이후부터는 사용자가 직접 사용할 수 있게 되었다.—참고로 ORACLE 12c, PostgreSQL 9.3, MySQL 8.0.14 버전부터 LATERAL 조인 구문을 지원한다.— 하지만, 인라인 뷰 바깥의 조건절을 인라인 뷰 안으로 강제로 밀어 넣는 경우를 제외하고는 성능상의 이유로 자주 사용되지 않았다. 반면, SQL 힌트 사용에 제약이 많은 PostgreSQL에서는 실행 계획 제어, 점 이력 데이터 조회, 조건절 이행 등 다양한 이유로 ORACLE에 비해 LATERAL 구문을 자주 사용한다. LATERAL 구문과 관계가 많은 조건절 Pushing, 부분 범위 처리, 실행계획 해석과 같은 성능상의 문제는 본 책에서 다루지 않고 사용법에 대해서만 알아볼 것이다.

6.3.1. 오라클에서 LATERAL 사용

ORACLE에서 LATERAL 구문은 아래와 같이 사용할 수 있다. LATERAL을 사용하면 t10 인라인 뷰의 값을 t20 하위의 인라인 뷰에 직접 조건으로 사용할 수 있다.(AND s1.equ_num = t10.equ_num)

```sql
SELECT t10.equ_num  ,t10.equ_nm,    t10.equ_sts_nm, t20.if_dt
     , t20.if_dt_seq,t20.if_sts_cd,  t20.comt
  FROM   (
         SELECT t1.equ_num, t1.equ_nm, t1.equ_sts_nm
         FROM   equipments_test t1
         WHERE  1 = 1
         AND    t1.equ_tp_nm = 'SENSOR'
         AND    t1.equ_num BETWEEN 1 AND 10
         ) t10
     , LATERAL
       (
       SELECT *
       FROM   (
              SELECT s1.if_dt, s1.if_dt_seq, s1.if_sts_cd, s1.comt
              FROM   interface_test s1
              WHERE  1 = 1
              AND    s1.equ_num = t10.equ_num
              ORDER BY s1.if_dt DESC
                     , s1.if_dt_seq DESC
              )
       WHERE  rownum = 1
       ) t20 ;
```

Id	Operation	Name	Starts	A-Rows	A-Tim	Buffers
0	SELECT STATEMENT		1	10	00:00:00.06	1926
1	NESTED LOOPS		1	10	00:00:00.06	1926
* 2	TABLE ACCESS BY INDEX ROWID BATCHED	EQUIPMENTS_TEST	1	10	00:00:00.01	4
* 3	INDEX RANGE SCAN	EQUIPMENTS_TEST_PK	1	10	00:00:00.01	2
4	VIEW	VW_LAT_4DB60E85	10	10	00:00:00.06	1922
* 5	COUNT STOPKEY		10	10	00:00:00.06	1922
6	VIEW		10	10	00:00:00.06	1922
* 7	SORT ORDER BY STOPKEY		10	10	00:00:00.06	1922
8	TABLE ACCESS BY INDEX ROWID BATCHED	INTERFACE_TEST	10	100K	00:00:00.04	1922
* 9	INDEX RANGE SCAN	INTERFACE_TEST_PK	10	100K	00:00:00.01	364

```
Predicate Information (identified by operation id):

   2 - filter("T1"."EQU_TP_NM"='SENSOR')
   3 - access("T1"."EQU_NUM">=1 AND "T1"."EQU_NUM"<=10)
   5 - filter(ROWNUM=1)
   7 - filter(ROWNUM=1)
   9 - access("S1"."EQU_NUM"="T1"."EQU_NUM")
```

위 실행 계획에서 LATERAL 집합 안에서 읽는 INTERFACE_TEST 테이블(s1) 데이터를 읽는 Id 9번 부분을 보면 10만 건(A-Rows)의 데이터를 읽고 있다. Id 2번 부분에서 읽은 10건만 INTERFACE_TEST 테이블에서 읽고 싶지만, 부분 범위 처리가 이루어지지 않아 아쉽게도 원하는 대로 동작하지 않는다.

Id	Operation	Name	Starts	A-Rows	A-Tim	Buffers
* 9	INDEX RANGE SCAN	INTERFACE_TEST_PK	10	100K	00:00:00.01	364

ORACLE에서 ROWNUM을 FETCH FIRST 1 ROWS ONLY로 변경해도 INTERFACE_TEST 테이블의 데이터 10만 건을 읽는다. 이렇게 부분 범위 처리가 안돼서 ORACLE에서는 LATERAL을 자주 사용하지 않는다.

```sql
SELECT t10.equ_num,   t10.equ_nm,    t10.equ_sts_nm, t20.if_dt
     , t20.if_dt_seq, t20.if_sts_cd, t20.comt
  FROM (
        SELECT t1.equ_num, t1.equ_nm, t1.equ_sts_nm
          FROM equipments_test t1
         WHERE 1 = 1
           AND t1.equ_tp_nm = 'SENSOR'
           AND t1.equ_num BETWEEN 1 AND 10
       ) t10
     , LATERAL
       (
        SELECT s1.if_dt, s1.if_dt_seq, s1.if_sts_cd, s1.comt
          FROM interface_test s1
         WHERE 1 = 1
           AND s1.equ_num = t10.equ_num
         ORDER BY s1.if_dt DESC
              , s1.if_dt_seq DESC
         FETCH FIRST 1 ROWS ONLY
       ) t20 ;
```

Id	Operation	Name	Starts	A-Rows	A-Tim	Buffers
0	SELECT STATEMENT		1	10	00:00:00.07	1918
1	NESTED LOOPS		1	10	00:00:00.07	1918
* 2	TABLE ACCESS BY INDEX ROWID BATCHED	EQUIPMENTS_TEST	1	10	00:00:00.01	4
* 3	INDEX RANGE SCAN	EQUIPMENTS_TEST_PK	1	10	00:00:00.01	2
4	VIEW	VW_LAT_4DB60E85	10	10	00:00:00.07	1914
* 5	VIEW		10	10	00:00:00.07	1914
* 6	WINDOW SORT PUSHED RANK		10	10	00:00:00.07	1914
7	TABLE ACCESS BY INDEX ROWID BATCHED	INTERFACE_TEST	10	100K	00:00:00.04	1914
* 8	INDEX RANGE SCAN	INTERFACE_TEST_PK	10	100K	00:00:00.01	356

Predicate Information (identified by operation id):

2 - filter("T1"."EQU_TP_NM"='SENSOR')

3 - access("T1"."EQU_NUM">=1 AND "T1"."EQU_NUM"<=10)

5 - filter("from$_subquery$_005"."rowlimit_$$_rownumber"<=1)

6 - filter(ROW_NUMBER() OVER (ORDER BY INTERNAL_FUNCTION("S1"."IF_DT") DESC ,INTERNAL_FUNCTION("S1"."IF_DT_SEQ") DESC)<=1)

8 - access("S1"."EQU_NUM"="T1"."EQU_NUM")

6.3.2. PostgreSQL에서 LATERAL 사용

PostgreSQL은 ORACLE과 마찬가지로 LATERAL 구문을 지원한다. 그러나 ORACLE에서 ROWNUM을 사용하는 대신 PostgreSQL에서는 LIMIT 절을 사용하는 차이가 있는데, 복잡한 중첩 인라인 뷰를 쓰지 않아도 원하는 결과를 얻을 수 있어서 ORACLE에 비해 사용이 편하다. 그리고 PostgreSQL은 ORACLE과 달리 LATERAL 사용시 부분 범위 처리를 수행한다. 예를 들어, 아래 실행 계획에서 'Index Scan Backward using interface_test_pk on interface_test s1 (rows=1 loops=10)' 부분을 보면, 10번 루프를 돌면서 각각 1행씩만 가져오는 것을 확인할 수 있다. 이에 따라 블록 I/O도 40블록만 읽게 되어 성능상의 이점을 얻을 수 있다(Buffers: shared hit=40). 따라서 PostgreSQL에서는 ORACLE과 달리 부분 범위 처리가 가능하므로, 첨 이력 데이터 조회 등의 작업에 LATERAL을 사용할 수 있다.

```sql
SELECT t10.equ_num,  t10.equ_nm,   t10.equ_sts_nm, t20.if_dt
     , t20.if_dt_seq,t20.if_sts_cd,t20.comt
FROM   (
        SELECT t1.equ_num, t1.equ_nm, t1.equ_sts_nm
        FROM   equipments_test t1
        WHERE  1 = 1
        AND    t1.equ_tp_nm = 'SENSOR'
        AND    t1.equ_num BETWEEN 1 AND 10
        ) t10
     , LATERAL
        (
        SELECT s1.if_dt, s1.if_dt_seq, s1.if_sts_cd, s1.comt
        FROM   interface_test s1
        WHERE  1 = 1
        AND    s1.equ_num = t10.equ_num
        ORDER BY s1.if_dt DESC
               , s1.if_dt_seq DESC
        LIMIT 1
        ) t20 ;


Nested Loop (rows=10 loops=1)
  Buffers: shared hit=45
  -> Seq Scan on equipments_test t1 (rows=10 loops=1)
        Filter:((equ_num >= '1'::numeric) AND (equ_num <= '10'::numeric) AND ((equ_tp_nm)::text = 'SENSOR'::text))
        ROWS Removed by Filter: 190
        Buffers: shared hit=5
  -> Limit (actual time=0.025..0.025 rows=1 loops=10)
        Buffers: shared hit=40
        -> Index Scan Backward using interface_test_pk on interface_test s1 (rows=1 loops=10)
            Index Cond: (equ_num = t1.equ_num)
            Buffers: shared hit=40
Planning Time: 0.544 ms
Execution Time: 0.403 ms
```

6.3.3. LEFT OUTER JOIN LATERAL

LATERAL 구문은 기본적으로 두 집합 간의 INNER JOIN과 유사한 결과를 생성한다. 그러나 OUTER JOIN과 유사한 결과를 생성하고 싶을 경우, PostgreSQL에서는 'LEFT OUTER JOIN LATERAL'을 사용하고, ORACLE에서는 'OUTER APPLY'를 사용한다.

특히, PostgreSQL에서 'LEFT OUTER JOIN LATERAL'을 사용할 때는 'ON TRUE' 구문을 함께 사용해야 한다는 점을 주의해야 한다. 이 구문은 LEFT OUTER JOIN의 성질을 유지하면서 LATERAL 기능을 사용할 수 있게 해준다.

[PostgreSQL]
```
WITH w_t1 AS
(SELECT '1' c1 UNION ALL
 SELECT '2' c1 UNION ALL
 SELECT '3' c1)
, w_t2 AS
(SELECT '1' c1, 'a' c2 UNION ALL
 SELECT '2' c1, 'b' c2)
SELECT *
FROM   (SELECT c1 FROM w_t1 t1) t10
       LEFT OUTER JOIN LATERAL
       (
       SELECT c1, c2
       FROM   w_t2 t2
       WHERE  t2.c1 = t10.c1
       ) t20
       ON TRUE ; /* 이게 필요하다.*/
```

[ORACLE]
```
WITH w_t1 AS
(SELECT '1' c1 FROM dual UNION ALL SELECT '2' c1 FROM dual UNION ALL SELECT '3' c1 FROM dual)
, w_t2 AS
(SELECT '1' c1, 'a' c2 FROM dual UNION ALL SELECT '2' c1, 'b' c2 FROM dual)
SELECT *
FROM    (SELECT c1 FROM w_t1 t1) t10
        OUTER   APPLY
        (
        SELECT c1, c2
        FROM    w_t2 t2
        WHERE   t2.c1 = t10.c1
        ) t20 ;
```

C1	C1	C2
1	1	a
2	2	b
3	{null}	{null}

6.4. 기타 SQL 사용법

6.4.1. WHERE rownum = 1, WHERE rownum <= 1 변환

rownum은 오라클에 있는 독특한 pseudo 칼럼으로 PostgreSQL에서는 이를 변환할 pseudo 칼럼이 없다. 그래서 'rownum을 PostgreSQL에서는 이걸로 변환한다.'라고 딱 잘라서 말할 수 없다. 오라클의 WHERE 절에 rownum = 1이나 rownum <= 1은 데이터 1건만 읽고 멈추기 위해 쓴다. 전체 SQL이 어떤지에 따라 특정한 정렬 순서에 따라 1건 일수도 있고, 그렇지 않을 수도 있다. 여기서는 정렬 순서에 상관없이 아무거나 1건만 읽고 멈추기 위해 rownum을 썼을 때의 변환법을 소개한다.

[오라클]

```
SELECT  t10.c1
      , t10.c2
      , (
        SELECT  s1.nm
        FROM    cd_tab AS s1
        WHERE   s1.cd = t10.c3
        AND     rownum <= 1
        ) AS c3_nm
      , t20.c4
  FROM  ...
```

[PostgreSQL]

```
SELECT t10.c1
     , t10.c2
     , (
       SELECT s1.nm
       FROM   cd_tab AS s1
       WHERE  s1.cd = t10.c3
       LIMIT  1
       ) AS   c3_nm
     , t20.c4
  FROM ...
```

6.4.2. 원하는 건수의 임시 집합 만들기

데이터를 복제하기 위해 몇 건의 임시 집합을 생성해야 할 때, 오라클에서는 CONNECT BY 구문이나 XMLTABLE을 사용하는 것이 일반적이다. 반면, PostgreSQL에서는 이러한 구문들을 대체하기 위해 generate_series 함수를 사용한다. generate_series는 특정 범위 내에서 일련의 연속된 값을 생성할 때 유용하며, 데이터 집합을 생성하고 처리하는데 활용될 수 있다.

[오라클]

```
SELECT level AS id
FROM   dual
CONNECT BY level <= 3;


SELECT rownum AS id
FROM   xmltable ('1 to 3');
```

[PostgreSQL]

```
SELECT id
FROM   generate_series(1,3) AS id
```

ID
1
2
3

6.4.3. 시퀀스 NEXTVAL 호출

ORACLE과 PostgreSQL은 시퀀스의 다음 값을 가져오기 위한 NEXTVAL 호출 구문이 다르다.

[오라클]

```
SELECT bkg_seq.nextval AS his_seq FROM dual
```

[PostgreSQL]

```
SELECT nextval('bkg_seq') AS his_seq
```

6.4.4. SELECT절에 NOT EXISTS, EXIST 사용(PostgreSQL)

PostgreSQL에서는 오라클과는 달리 SELECT 절에 EXISTS, NOT EXISTS를 사용할 수 있다. 이 구문을 사용하면 결괏값으로 BOOLEAN 데이터 타입을 반환하므로, 결과를 숫자(예: 0, 1)로 표현하려면 데이터 타입을 변경해야 한다.

T1 TABLE

C1(COLUMN)
1
2

T2 TABLE

C2(COLUMN)
1

[오라클]

```
SELECT t10.c1
     , CASE t10.rnum WHEN 1 THEN 0 ELSE 1 END next_c1_int
  FROM (
        SELECT t1.c1
             , (
                SELECT 1
                  FROM t2
                 WHERE t2.c1 = t1.c1
                   AND rownum = 1
               ) rnum
          FROM t1
       ) t10 ;
```

C1	NEXT_C1_INT
1	0
2	1

[PostgreSQL]

```sql
SELECT t1.*
     , NOT EXISTS(SELECT 1
                    FROM   t2
                    WHERE  t2.c1 = t1.c1) AS next_c1_bool
     , (NOT EXISTS(SELECT 1
                    FROM   t2
                    WHERE  t2.c1 = t1.c1 ))::integer AS next_c1_int
FROM   t1 ;
```

C1	NEXT_C1_BOOL	NEXT_C1_INT
1	false	0
2	true	1

6.4.5. FILTER 구문 사용(PostgreSQL)

오라클의 SUM(CASE) 구문을 대체할 수 있는 FILTER 절을 PostgreSQL에서 지원한다.

[데이터]

C1	C2
1	10
1	10
2	10
3	10

[오라클]

```sql
SELECT t1.c1
     , SUM( CASE c1 WHEN 1 THEN c2 END ) AS sum_1
     , SUM( CASE c1 WHEN 2 THEN c2 END ) AS sum_2
     , SUM( CASE c1 WHEN 3 THEN c2 END ) AS sum_3
FROM   t1
GROUP BY t1.c1 ;
```

[PostgreSQL]
```
SELECT t1.c1
     , SUM(c2) FILTER(WHERE c1 = 1) AS sum_1
     , SUM(c2) FILTER(WHERE c1 = 2) AS sum_2
     , SUM(c2) FILTER(WHERE c1 = 3) AS sum_3
FROM    t1
GROUP BY t1.c1 ;
```

C1	SUM_1	SUM_2	SUM_3
1	20	{null}	{null}
2	{null}	10	{null}
3	{null}	{null}	10

6.4.6. IS DISTINCT FROM

다음 SQL은 '서울'이 아닌 지역을 출력하는 SQL이다. 이때 ADDR이 NULL인 데이터는 결과에 포함되지 않으며, NULL이 아닌 데이터 중 '서울'이 아닌 데이터만 보여준다.

```
SELECT addr FROM student WHERE addr != '서울'
```

ADDR
인천
경기
부산

PostgreSQL에서는 'IS DISTINCT FROM'을 사용하여 NULL 값도 결과에 포함할 수 있다.

```
SELECT addr FROM student WHERE addr IS DISTINCT FROM '서울'
```

위 SQL은 아래 SQL과 결과가 같다.

```
SELECT addr FROM student WHERE addr != '서울' OR ADDR IS NULL
```

ADDR
인천
경기
부산
NULL

6.4.7. DISTINCT ON

PostgreSQL에서 'DISTINCT ON' 절은 'GROUP BY' 절과 유사한 기능을 제공하며, 특정 열 또는 열의 조합에 대해 중복된 행을 제거하고 고유한 값을 반환한다. 일반적인 DISTINCT는 전체 결과 집합에서 중복된 행을 제거하지만, 'DISTINCT ON'은 지정된 열에 대해 첫 번째로 나타나는 행만 유지하고 나머지 중복 행은 제거한다. TEST 테이블 데이터가 다음과 같을 때

[TEST]

NAME	AGE
Alice	28
John	25
John	35
John	35
Mary	30

DISTINCT를 쓴 아래 SQL은 name과 age 값의 조합으로 중복된 값을 제거한다. 그래서 NAME 이 John이고 AGE가 35인 중복 값이 제거된다.

```
SELECT DISITNCT t1.name, t1.age
FROM    test t1
ORDER BY t1.name, t1.age ;
```

NAME	AGE
Alice	28
John	25
John	35
Mary	30

'DISTINCT ON' 구문은 'DISTINCT ON' 절에 사용한 칼럼을 기준으로 중복을 제거하며, 'ORDER BY' 구문을 통해 정렬해서 최종 데이터를 선택한다. 'DISTINCT ON' 절에 사용한 칼럼은 반드시 'ORDER BY' 절에도 포함되어야 하는 제약사항이 있으므로 주의가 필요하다. 만약 t1.name 칼럼에 'DISTINCT ON'을 적용하면, name 칼럼별로 한 건씩 반환하며, 그룹별로 name, age 순으로 정렬했을 때 순서가 가장 빠른 한 건을 추출한다. 이는 특정 칼럼을 기준으로 각 그룹에서 가장 상위에 있는 데이터를 선택하는 데 유용하다.

```sql
SELECT DISITNCT ON(t1.name) name
     , t1.age
FROM   test t1
ORDER BY t1.name
       , t1.age ;
```

NAME	AGE
Alice	28
John	25
Mary	30

ORD_DTL 테이블 데이터가 다음과 같을 때, 아래 SQL은 cust_id별로 prod_id, ord_dt DESC 순으로 정렬하여 첫 번째 데이터를 추출한다.

[ORD_DTL 데이터]

ORD_ID	CUST_ID	PROD_ID	ORD_DT	TOT_PRC
1	101	201	2024-01-01	100
2	101	201	2024-01-06	100
3	101	202	2024-01-05	150
4	101	203	2024-01-03	750
5	102	201	2024-01-02	150
6	103	201	2024-01-04	100

```
SELECT DISTINCT ON (t1.cust_id) cust_id
     , t1.prod_id
     , t1.ord_dt
  FROM   ord_dtl t1
 ORDER BY t1.cust_id
     , t1.prod_id
     , t1.ord_dt DESC ;
```

CUST_ID	PROD_ID	ORD_DT
101	201	2024-01-06
102	201	2024-01-02
103	201	2024-01-04

'DISTINCT ON' 절에 cust_id, prod_id를 사용하면 결과는 아래와 같이 변경된다. 이는 cust_id와 prod_id 조합별로 첫 번째 데이터를 선택한다.

```
SELECT DISTINCT ON (t1.cust_id, t1.prod_id) cust_id
     , t1.prod_id
     , t1.ord_dt
  FROM   ord_dtl t1
 ORDER BY t1.cust_id
     , t1.prod_id
     , t1.ord_dt DESC ;
```

CUST_ID	PROD_ID	ORD_DT
101	201	2024-01-06
101	202	2024-01-05
101	203	2024-01-03
102	201	2024-01-02
103	201	2024-01-04

위 SQL을 전통적인 'GROUP BY' 구문으로 변환하면 아래와 같다.

```sql
SELECT t1.cust_id
     , t1.prod_id
     , MAX(ord_dt) m_ord_dt
FROM   ord_dtl t1
GROUP BY t1.cust_id
       , t1.prod_id
ORDER BY t1.cust_id
       , t1.prod_id
```

CHAPTER 7
계층 데이터 조회

7.1. 계층 데이터 모델

7.2. 오라클의 CONNECT BY 구문 작동 원리

7.3. Recursive Subquery Factoring(ORACLE, PostgreSQL)

CHAPTER 7. 계층 데이터 조회

7.1. 계층 데이터 모델

계층 데이터 모델은 반복적인 부모-자식 관계 정보를 나타내는 트리 형태의 데이터 구조로, 주로 부모가 다수의 자식을 가질 수 있고 자식이 단 하나의 부모만 가질 수 있는 형태의 데이터 모델을 사용한다. 오라클에서는 이러한 계층 데이터 모델의 데이터를 트리 형태로 조회하기 위해 CONNECT BY 구문을 사용한다. 이 문서에서는 데이터를 부모에서 자식 쪽으로 전개하는 것을 '순방향 전개', 자식에서 부모 쪽으로 전개하는 것을 '역방향 전개'라고 부르겠다.

데이터 모델	데이터

EMPNO	ENAME	MGR
7839	KING	
7566	JONES	7839
7698	BLAKE	7839
7782	CLARK	7839
7788	SCOTT	7566
7902	FORD	7566
7876	ADAMS	7788
7369	SMITH	7902
7499	ALLEN	7698
7521	WARD	7698
7654	MARTIN	7698
7844	TURNER	7698
7900	JAMES	7698
7934	MILLER	7782

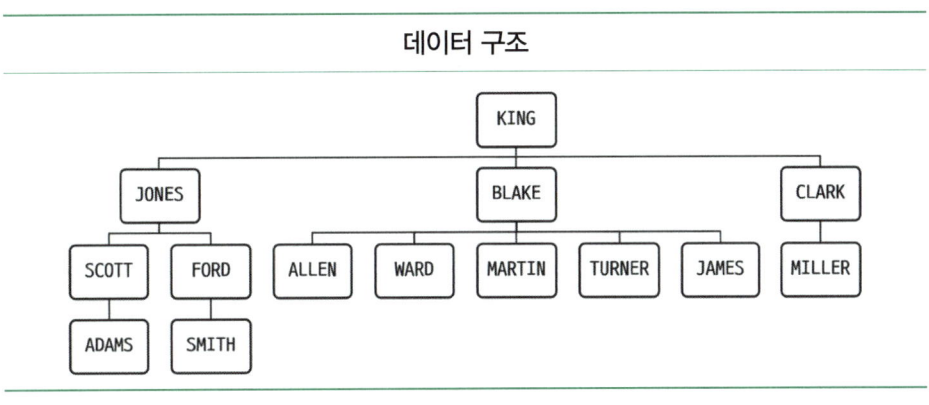

7.2. 오라클의 CONNECT BY 구문 작동 원리

7.2.1. START WITH 절

Level이 1인 루트 노드를 생성하는 부분이며 한 번만 수행된다. 이 부분에서는 WHERE 절에서 사용할 수 있는 모든 문법을 사용할 수 있다. 위 데이터 구조에서 트리 구조의 시작점은 KING이다. KING을 찾는 SQL은 아래와 같다.

```sql
SELECT 1 AS lv, st.empno, st.ename, st.mgr
FROM   emp st
WHERE  st.mgr IS NULL ;
```

LV	EMPNO	ENAME	MGR
1	7839	KING	{null}

오라클의 CONNECT BY 문법에서 시작점을 구하기 위해 사용하는 구문이 START WITH이다. 위 SQL과 같은 시작점을 구하기 위한 START WITH 절은 다음과 같다.

```
START WITH mgr IS NULL
```

7.2.2 계층 데이터 연결

이제 위에서 구한 Level 1 데이터를 부모로 가진 Level 2 데이터를 SQL로 구하려면 아래 SQL을 사용해야 한다.

```
SELECT  2 AS lv, a.empno
      , a.ename, a.mgr
FROM    emp pr
      , emp a
WHERE   pr.empno = 7839
AND     pr.empno = a.mgr ;
```

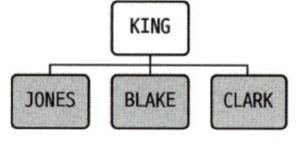

LV	EMPNO	ENAME	MGR
2	7566	JONES	7839
2	7698	BLAKE	7839
2	7782	CLARK	7839

Level 1 데이터를 시작점으로 하여 Level 2인 데이터를 구하려면 위와 같이 self join을 수행해야 한다. Level 1의 결과인 7839 값이 입력값으로 들어간다. 계층형 쿼리 구문에서는 이전에 읽은 데이터 집합을 PRIOR 집합이라고 한다. 현재 구하고 있는 Level 2 집합의 입장에서 PRIOR 집합은 Level 1 집합이다. 위 SQL에서 'pr'라는 별칭을 사용한 이유는 이 집합이 PRIOR 집합임을 나타내기 위함이다. CONNECT BY 구문에서 PRIOR 집합을 나타내는 키워드가 PRIOR이고, 조인 조건을 작성하는 구문이 'CONNECT BY'다. 위 SQL을 PRIOR와 CONNECT BY로 변경하면 아래와 같다.

```
...
SELECT level AS lv
...
FROM    emp
START WITH mgr IS NULL
CONNECT BY PRIOR empno= mgr ;
...
```

지금까지의 내용을 정리하면 아래 그림과 같다.

– 노드(Node)

계층 쿼리에서 최초 시작 지점을 '루트(root) 노드'라고 하고, 제일 말단의 노드를 '리프(leaf) 노드'라고 한다. 그리고 그사이에 있는 노드들은 '브랜치(branch) 노드'라고 한다.

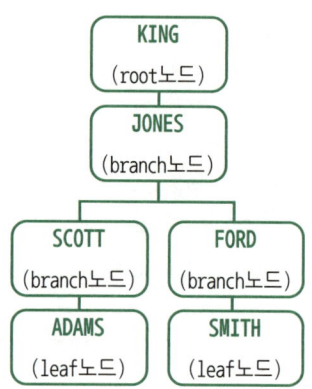

7.2.3. 순방향 전개와 역방향 전개

부모에서 자식 쪽으로 전개하는 것을 '순방향 전개'라고 하고, 그 반대를 '역방향 전개'라고 한다. 전개 방향에 따라 PRIOR 키워드를 붙이는 칼럼이 달라지므로, 이 점에 유의하면서 아래 예제를 보기 바란다. 'CONNECT BY PRIOR' 자체를 하나의 키워드로 생각하는 경우가 있는데 CONNECT BY와 PRIOR는 별개의 키워드이다. 'CONNECT BY PRIOR a.empno = a.mgr'로 쓸 수도 있고, 'CONNECT BY a.mgr = PRIOR a.empno'로 쓸 수도 있는데 이 둘의 의미는 같다.

[순방향 전개]

```
SELECT  level AS lv, a.empno
      , LPAD (' ', LEVEL - 1, ' ')
        || a.ename AS ename, a.mgr
FROM    emp a
START WITH a.mgr IS NULL
CONNECT BY PRIOR a.empno = a.mgr;
```

LV	EMPNO	ENAME	MGR
1	7839	KING	{null}
2	7566	JONES	7839
3	7788	SCOTT	7566
4	7876	ADAMS	7788
3	7902	FORD	7566
4	7369	SMITH	7902
2	7698	BLAKE	7839
3	7499	ALLEN	7698
3	7521	WARD	7698
3	7654	MARTIN	7698
3	7844	TURNER	7698
3	7900	JAMES	7698
2	7782	CLARK	7839
3	7934	MILLER	7782

[역방향 전개]

```
SELECT  level AS lv, a.empno
      , LPAD (' ', LEVEL - 1, ' ')
        || a.ename AS ename, a.mgr
FROM    emp a
START WITH  a.empno = 7876
CONNECT BY PRIOR a.mgr = a.empno;
```

LV	EMPNO	ENAME	MGR
1	7876	ADAMS	7788
2	7788	SCOTT	7566
3	7566	JONES	7839
4	7839	KING	{null}

7.2.4. 데이터 필터링

'CONNECT BY' 구문을 사용할 때, 특정 데이터 또는 해당 데이터의 하위 데이터를 제외하는 요구 사항이 있을 수 있다. 이렇게 특정 데이터를 제외하는 것을 데이터 필터링이라고 한다. 여기서 데이터와 그 하위 데이터를 모두 제거하는 것을 '분기(branch) 제거', 특정 데이터만 제외하는 것을 '노드(node) 제거'라고 부르겠다.

분기 제거

분기 제거는 특정 데이터와 그 하위 데이터를 모두 제거하는 것을 의미한다. 예를 들어, Level이 2인 BLAKE(7698) 사원과 그

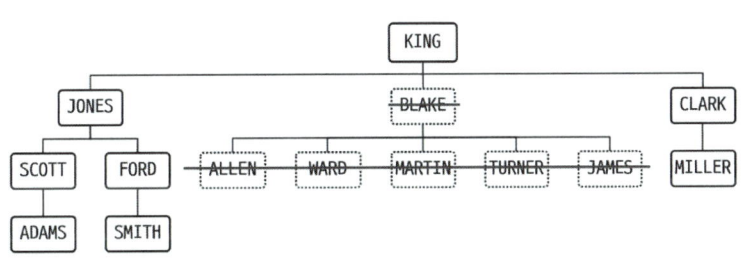

하위 데이터를 제거하려면 Level 2 데이터를 구할 때 BLAKE 사원을 제거해야 한다. 이렇게 하면 Level 3 데이터를 구하기 위한 prior 집합(Level 2)에서 BLAKE가 제외되므로 그 하위 데이터가 모두 제거된다. 계층 구조를 풀 때 제거해야 하므로 'CONNECT BY' 절에 필터 조건으로 넣어야 한다.

```
SELECT level AS lv, a.empno,
     , LPAD (' ', LEVEL - 1, ' ')
       || a.ename AS ename, a.mgr
FROM    emp a
START WITH  a.mgr IS NULL
CONNECT BY PRIOR  a.empno = a.mgr
           AND  a.empno <> 7698 ;
```

LV	EMPNO	ENAME	MGR
1	7839	KING	{null}
2	7566	JONES	7839
3	7788	SCOTT	7566
4	7876	ADAMS	7788
3	7902	FORD	7566
4	7369	SMITH	7902
2	7782	CLARK	7839
3	7934	MILLER	7782

노드 제거

노드 제거는 계층 구조를 모두 만든 후 지정한 특정 노드만 제거하는 것이므로, WHERE 절에 필터 조건을 쓴다.

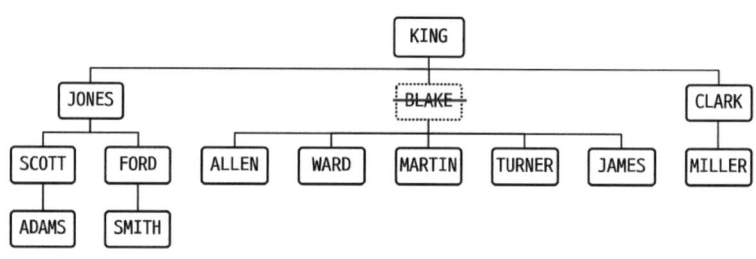

```
SELECT level AS lv, a.empno
     , LPAD (' ', LEVEL - 1, ' ')
       || a.ename AS ename, a.mgr
FROM    emp a
WHERE   a.empno <> 7698
START WITH  a.mgr IS NULL
CONNECT BY PRIOR a.empno = a.mgr ;
```

LV	EMPNO	ENAME	MGR
1	7839	KING	{null}
2	7566	JONES	7839
3	7788	SCOTT	7566
4	7876	ADAMS	7788
3	7902	FORD	7566
4	7369	SMITH	7902
~~2~~	~~7698~~	~~BLAKE~~	~~7839~~

LV	EMPNO	ENAME	MGR
3	7499	ALLEN	7698
3	7521	WARD	7698
3	7654	MARTIN	7698
3	7844	TURNER	7698
3	7900	JAMES	7698
2	7782	CLARK	7839
3	7934	MILLER	7782

7.2.5. 계층 쿼리 결과 정렬하기

계층 쿼리 결과를 정렬할 때, ORDER BY 절을 사용하면 계층 전개를 모두 한 이후 전체 데이터를 대상으로 정렬하므로 결과물의 계층 구조가 깨질 수 있다. 계층 구조를 유지하며 같은 계층 구조 안에서 형제 노드 간에 정렬하려면 'ORDER SIBLINGS BY' 절을 사용해야 한다.

[ORDER BY 사용]

```
SELECT level AS lv, a.comm, a.sal
     , LPAD (' ', LEVEL - 1, ' ')
       || a.ename AS ename, a.empno, a.mgr
FROM   emp a
START WITH a.mgr IS NULL
CONNECT BY PRIOR a.empno = a.mgr
ORDER BY a.comm
       , a.sal
       , a.ename ;
```

LV	COMM	SAL	ENAME	EMPNO	MGR
3	0	1500	TURNER	7844	7698
3	300	1600	ALLEN	7499	7698
3	500	1250	WARD	7521	7698
3	1400	1250	MARTIN	7654	7698
4	{null}	800	SMITH	7369	7902
3	{null}	950	JAMES	7900	7698
4	{null}	1100	ADAMS	7876	7788
3	{null}	1300	MILLER	7934	7782
2	{null}	2450	CLARK	7782	7839
2	{null}	2850	BLAKE	7698	7839
2	{null}	2975	JONES	7566	7839
3	{null}	3000	FORD	7902	7566
3	{null}	3000	SCOTT	7788	7566
1	{null}	5000	KING	7839	{null}

[ORDER SIBLINGS BY 사용]

```
SELECT  level AS lv, a.comm, a.sal
      , LPAD (' ', LEVEL - 1, ' ')
        || a.ename AS ename, a.empno, a.mgr
FROM    emp a
START WITH  a.mgr IS NULL
CONNECT BY PRIOR a.empno = a.mgr
ORDER SIBLINGS BY a.comm
                , a.sal
                , a.ename ;
```

LV	COMM	SAL	ENAME	EMPNO	MGR
1	{null}	5000	KING	7839	{null}
2	{null}	2450	CLARK	7782	7839
3	{null}	1300	MILLER	7934	7782
2	{null}	2850	BLAKE	7698	7839
3	0	1500	TURNER	7844	7698
3	300	1600	ALLEN	7499	7698
3	500	1250	WARD	7521	7698
3	1400	1250	MARTIN	7654	7698
3	{null}	950	JAMES	7900	7698
2	{null}	2975	JONES	7566	7839
3	{null}	3000	FORD	7902	7566
4	{null}	800	SMITH	7369	7902
3	{null}	3000	SCOTT	7788	7566
4	{null}	1100	ADAMS	7876	7788

7.2.6. 기타 사용 가능 칼럼

오라클에서는 CONNECT BY 사용 시 계층 정보를 출력할 수 있는 'CONNECT_BY_ISLEAF', 'CONNECT_BY_ROOT', 'SYS_CONNECT_BY_PATH' 키워드를 제공한다. 'CONNECT_BY_ISLEAF'는 해당 노드가 리프 노드일 경우 1을, 그렇지 않을 경우 0을 출력한다. 'CONNECT_BY_ROOT'은 사용자가 지정한 칼럼의 루트 노드 값을 출력한다. 'SYS_CONNECT_BY_PATH'는 노드 전개 시 노드의 데이터 값을 사용자가 정한 문자를 구분자로 연결해서 보여주는 함수다. 'SYS_CONNECT_BY_PATH'로 출력한 값은 데이터값에 사용자가 정한 구분자 값이 포함되어 있거나-(ORA-30004: SYS_CONNECT_BY_PATH 함수를 사용할 때 구분 기호를 열 값의 일부로 사용할 수 없습니다.)- 누적한 데이터 값의 길이가 4,000자를 초과하는 경우-(ORA-01489: 문자열 연결의 결과가 너무 깁니다)- 에러가 발생할 수 있다.

```sql
SELECT level AS lv
     , a.empno
     , LPAD(' ', level - 1, ' ')||a.ename AS ename
     , a.mgr
     , CONNECT_BY_ISLEAF AS isleaf
     , CONNECT_BY_ROOT a.ename AS root
     , SYS_CONNECT_BY_PATH (a.ename, ',') AS path
  FROM  emp a
 START WITH a.mgr IS NULL
 CONNECT BY PRIOR a.empno = a.mgr ;
```

LV	EMPNO	ENAME	MGR	ISLEAF	ROOT	PATH
1	7839	KING	{null}	0	KING	,KING
2	7566	JONES	7839	0	KING	,KING,JONES
3	7788	SCOTT	7566	0	KING	,KING,JONES,SCOTT
4	7876	ADAMS	7788	1	KING	,KING,JONES,SCOTT,ADAMS
3	7902	FORD	7566	0	KING	,KING,JONES,FORD
4	7369	SMITH	7902	1	KING	,KING,JONES,FORD,SMITH
2	7698	BLAKE	7839	0	KING	,KING,BLAKE
3	7499	ALLEN	7698	1	KING	,KING,BLAKE,ALLEN
... 중략						

7.2.7. 오류 데이터로 인한 무한 루프 처리

만약 KING→JONES→SCOTT→KING 순으로 참조 관계를 구성하면 무한 루프가 생겨 오라클은 ORA-01436 에러를 발생시키고 작업을 중단한다. 무한 루프로 인한 문제를 방지하기 위해, 오라클에서는 CONNECT BY 절에 NOCYCLE을 추가할 수 있다. 이렇게 하면 무한 루프 데이터를 제외하고 결과를 볼 수 있다. 해당 키워드를 사용할 때 SELECT 절에 'CONNECT_BY_ISCYCLE'을 사용하면 무한 루프가 발생한 행은 1을, 그렇지 않은 행은 0을 출력하므로 무한 루프를 만든 데이터를 찾을 수 있다.

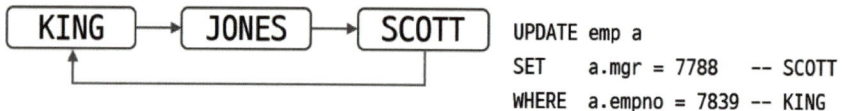

```
UPDATE emp a
SET     a.mgr = 7788    -- SCOTT
WHERE   a.empno = 7839  -- KING
```

[NOCYCLE 미사용]

```
SELECT level AS lv,a.empno
     , LPAD (' ',LEVEL - 1,' ')
       || a.ename AS ename
     , a.mgr
FROM   emp a
START WITH a.empno = 7839
CONNECT BY PRIOR a.empno = a.mgr ;

ORA-01436:CONNECT BY의 루프가 발생 되었습니다
```

[NOCYCLE 사용]

```sql
SELECT level AS lv, a.empno
     , LPAD (' ',LEVEL - 1,' ')
        || a.ename AS ename
     , a.mgr
     , CONNECT_BY_ISCYCLE AS ic
  FROM emp a
 START WITH a.empno = 7839
 CONNECT BY NOCYCLE PRIOR a.empno = a.mgr ;
```

LV	EMPNO	ENAME	MGR	IC
1	7839	KING	7566	0
2	7566	JONES	7839	0
3	7788	SCOTT	7566	1
4	7876	ADAMS	7788	0

7.2.8. CATEGORY FULL PATH 출력

아래 데이터는 제품의 카테고리를 관리하기 위한 계층형 데이터로, 코드나 조직 등 1:M 관계인 계층 구조를 관리하는 테이블과 유사한 구조로 되어 있다. '정렬 순서' 칼럼은 계층 구조를 코드화하여 표현한 값으로, CONNECT BY를 이용해 다량의 데이터를 표현할 때 성능 향상을 위해 사용된다. 예를 들어, GAME 하위에 있는 데이터를 조회하고 싶을 때, 'WHERE 정렬순서 LIKE '001001%'' 같은 단순한 SQL을 작성함으로써 빠르게 필요한 데이터를 검색할 수 있는 장점이 있다. 그러나 데이터 구조가 코드화되어 있기 때문에, 데이터 구조에 변경이 생길 때마다 '정렬 순서' 칼럼을 업데이트해야 하는 부담이 있다. 카테고리 같은 테이블은 보통 다양한 화면에서 사용해서 성능이 중요하지만, 데이터가 자주 변하지 않는 특성을 가진다. 이런 상황이라면 정렬순서 칼럼 업데이트 부담이 적어서 정렬순서 칼럼 추가를 고려할 수 있다.

ID	이름	정렬순서	부모ID
0000000001	ROOT	001	{null}
0000000020	GAME	001001	0000000001
0000000003	RPG	001001001	0000000020
0000000004	ACTION	001001002	0000000020
0000000050	ENTERTAINMENT	001002	0000000001
0000000006	BOOKS	001003	0000000001
0000000007	POETRY	001003001	0000000006
0000000005	NOVEL	001003002	0000000006
0000000009	COMPUTER	001003003	0000000006
0000000010	ESSAY	001003004	0000000006

만약 사용자가 NOVEL의 ID 값인 '0000000005'를 변수로 입력했을 때 아래 표와 같은 결과를 얻기 위해 어떤 SQL을 작성해야 할지 알아보자.

[조회 결과]

DEPTH1_ID	DEPTH1_이름	DEPTH2_ID	DEPTH2_이름	DEPTH3_ID	DEPTH3_이름
0000000001	ROOT	0000000006	BOOKS	0000000005	NOVEL

위 결과를 만들기 위해 입력 받은 변숫값으로 역방향 전개를 한다. 계층 쿼리에서 역방향 전개를 수행하려면, START WITH 절에 시작 노드를 명시하고, CONNECT BY 절 PRIOR 연산자 쪽에 부모ID 칼럼을 기술해야 한다. 이렇게 설정하면 자식 노드에서 출발하여 부모 노드 방향으로 계층 구조를 전개할 수 있다.

```
SELECT *
FROM    category T1
START WITH t1.id = '0000000005'
CONNECT BY t1.ID = PRIOR t1.부모ID ;
```

ID	이름	정렬순서	부모ID
0000000005	NOVEL	001003002	0000000006
0000000006	BOOKS	001003	0000000001
0000000001	ROOT	001	{null}

오라클의 REVERSE 함수는 인자로 받은 문자열 값을 거꾸로 뒤집어 결과를 반환한다. 예를 들어 'SELECT REVERSE('123')'의 결과는 '321'이 된다. 이 함수는 특수 문자를 포함한 문자열을 인자로 받을 수 있지만, 숫자 자체를 인자로 받을 수는 없다. 숫자 값을 거꾸로 뒤집어서 결과로 받고 싶다면, 숫자를 문자열로 변환해서 인자 값으로 제공한 후, 함수가 반환한 값을 다시 숫자로 변환해야 한다.

이 REVERSE 함수를 SYS_CONNECT_BY_PATH와 함께 사용하여 각 노드의 ID와 이름값을 연결한다. 값을 연결하기 전에 REVERSE 함수를 사용하는 이유는 역방향 전개를 해서 결과도 역방향으로 나오는데, 최종으로 사용자에게 보여줘야 할 값은 순방향 전개의 결과이기 때문이다.

```sql
SELECT SYS_CONNECT_BY_PATH(REVERSE(t1.id||t1.이름) ,'>' ) AS result
FROM    category t1
START WITH t1.id = '0000000005'
CONNECT BY t1.id = PRIOR t1.부모ID ;
```

RESULT
>LEVON5000000000
>LEVON5000000000>SKOOB6000000000
>LEVON5000000000>SKOOB6000000000>TOOR1000000000

위 결과에서 원하는 데이터는 최종적으로 하나의 건이므로, 'MAX' 함수를 이용해 최댓값 한 건만을 선택할 수 있다. 결과적으로 '>LEVON5000000000>SKOOB6000000000>TOOR1000000000' 이 데이터만 남게 되고, 이 데이터에 'REVERSE' 함수를 적용하면 원하는 값이 나온다.

RESULT
0000000001ROOT>0000000006BOOKS>0000000005NOVEL>

그다음에는 SUBSTR 함수로 원하는 길이만큼 문자열을 잘라내서, 요구사항에 맞는 값을 만들 수 있다.

```sql
SELECT SUBSTR(i1.result,1,10) DEPTH1_ID
     , SUBSTR(i1.result,11,INSTR(i1.result,'>',1,1)-11) DEPTH1_이름
     , SUBSTR(i1.result,INSTR(i1.result,'>',1,1)+1,10) DEPTH2_ID
     , SUBSTR(i1.result,INSTR(i1.result,'>',1,1)+11,
              INSTR(i1.result,'>',1,2)-(INSTR(i1.result,'>',1,1)+11)) DEPTH2_이름
     , SUBSTR(i1.result,INSTR(i1.result,'>',1,2)+1,10) DEPTH3_ID
     , SUBSTR(i1.result,INSTR(i1.result,'>',1,2)+11,
              INSTR(i1.result,'>',1,3)-(INSTR(i1.result,'>',1,2)+11)) DEPTH3_이름
  FROM   ( SELECT REVERSE( MAX( SYS_CONNECT_BY_PATH( REVERSE( t1.id||t1.이름 ), '>' ) ) ) result
             FROM   CATEGORY T1
             START WITH t1.id = '0000000005'
             CONNECT BY t1.ID = PRIOR t1.부모ID ) i1 ;
```

DEPTH1_ID	DEPTH1_이름	DEPTH2_ID	DEPTH2_이름	DEPTH3_ID	DEPTH3_이름
0000000001	ROOT	0000000006	BOOKS	0000000005	NOVEL

7.3. Recursive Subquery Factoring

오라클에서는 일반적으로 CONNECT BY 구문을 사용하여 계층형 데이터를 조회하지만, CONNECT BY 구문은 ANSI 표준이 아니다. ANSI 표준은 Recursive Subquery Factoring (Recursive CTE, Common Table Expression으로도 부른다.) 방식이다. 오라클은 11gR2 버전부터 ANSI 표준 방식을 CONNECT BY와 병행하여 사용할 수 있도록 지원하고 있으며, PostgreSQL은 이 ANSI 표준 방식만을 지원한다. 기초 구문은 ORACLE과 PostgreSQL이 비슷하지만, 약간의 문법 차이가 있다. 특히 정렬 부분과 무한 루프 데이터를 처리하는 부분에서 차이가 있으니 눈여겨 보기 바란다.

7.3.1. Recursive Subquery Factoring 기초 문법

ORACLE에서는 WITH 구문 후에 임시 집합 명(예:EMP_W)이 바로 나오지만, PostgreSQL에서는 WITH 구문 후에 RECURSIVE 키워드가 필요하다. ORACLE에서는 RECURSIVE 키워드가 없는 대신 임시 집합 명 뒤에 해당 임시 집합에서 SELECT하는 칼럼 명이 모두 명시되어야 한다.

[ORACLE]

```sql
WITH emp_w (empno, mgr, ename, hiredate, lv) AS
(
/* START WITH 부분 */
SELECT t1.empno, t1.mgr, t1.ename, TO_CHAR(t1.hiredate,'YYYY-MM-DD') hiredate, 1 AS lv
FROM   emp t1
WHERE  t1.mgr IS NULL
UNION ALL
/* CONNECT BY 부분 */
SELECT t2.empno, t2.mgr, t2.ename, TO_CHAR(t2.hiredate,'YYYY-MM-DD'), t1.lv + 1 AS lv
FROM   emp_w t1
     , emp t2
WHERE  t2.mgr = t1.empno
)
SELECT t10.empno, t10.mgr, t10.lv, t10.hiredate
     , LPAD('_',t10.lv,'_')|| ' '||t10.ename AS ename
FROM   emp_w t10 ;
```

[PostgreSQL]

```sql
WITH RECURSIVE emp_w AS
(
/* START WITH 부분 */
SELECT t1.empno, t1.mgr, t1.ename, t1.hiredate, 1 AS lv
FROM   emp t1
WHERE  t1.mgr IS NULL
UNION ALL
/* CONNECT BY 부분 */
SELECT t2.empno, t2.mgr, t2.ename, t2.hiredate, t1.lv + 1 AS lv
FROM   emp_w t1
     , emp t2
WHERE  t2.mgr = t1.empno
)
SELECT t10.empno, t10.mgr, t10.lv, t10.hiredate
     , LPAD('_',t10.lv,'_')|| ' '||t10.ename AS ename
FROM   emp_w t10 ;
```

7.3.2. Recursive Subquery Factoring 동작 방식

UNION ALL의 위쪽 부분에서는 계층을 만들 시작점 데이터를 찾는다. 이 부분은 ORACLE의 'START WITH' 부분과 같은 역할을 한다. 이렇게 찾은 Level 1 데이터 집합은 UNION ALL 아래쪽의 조인 대상으로 사용된다.

Level 2 집합을 구할 때는 Level 1 데이터 집합과 EMP 테이블을 조인하고, Level 3 집합을 구할 때는 Level 2 데이터 집합과 EMP 테이블을 조인한다. 이러한 과정은 'UNION ALL' 아래쪽에서 재귀적으로 계속 이루어지며, 각 단계에서 이전 Level의 데이터 집합을 사용하여 다음 Level의 데이터 집합을 생성한다.

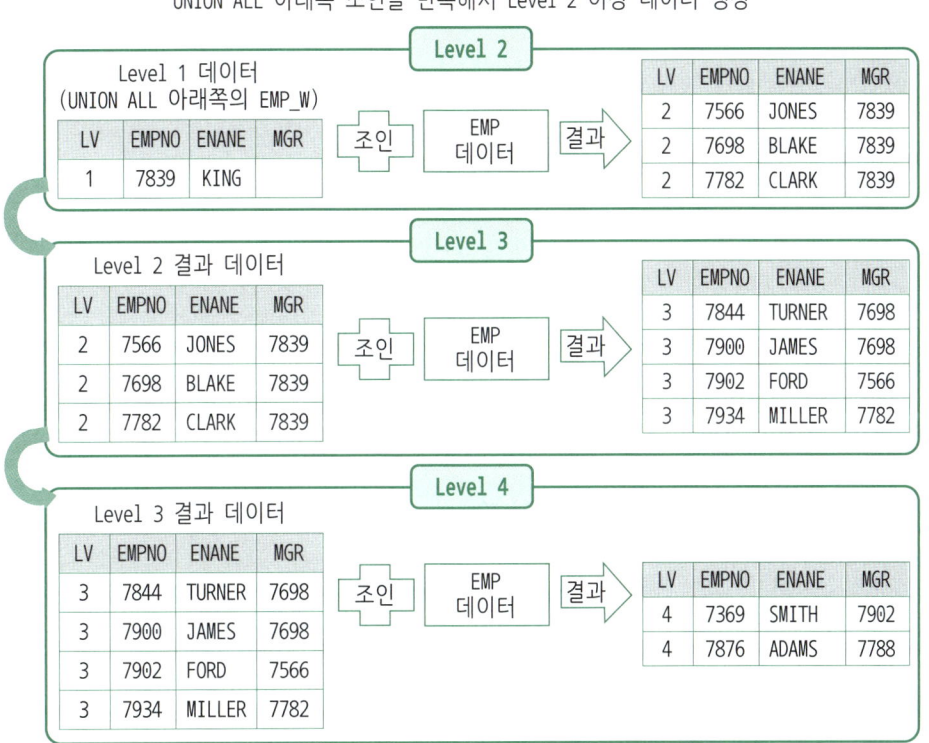

UNION ALL 아래쪽 조인을 반복해서 Level 2 이상 데이터 생성

7.3.3. Recursive Subquery Factoring 레벨 우선 정렬

Level 1 데이터부터 순차적으로 표시되고, 그다음에 Level 2 데이터가 표시되는 방식의 정렬을 '레벨 우선 정렬'이라고 하겠다. 이 정렬 방식을 위해 오라클에서는 'SEARCH BREADTH FIRST BY' 키워드를 지원하지만, PostgreSQL은 이와 같은 별도의 키워드를 지원하지 않는다.

ORACLE에서는 ORDER BY 구문 없이 'SEARCH BREADTH FIRST BY hiredate, ename SET ord'를 사용해도 원하는 결과를 볼 수 있지만, 결과를 명확히 하기 위해 명시적으로 'ORDER BY ord'를 추가하는 것이 좋다. 'SEARCH BREADTH FIRST BY hiredate, ename SET ord 구문 대신 PostgreSQL과 같이 'ORDER BY t10.lv, t10.hiredate, t10.ename'을 사용해도 결과는 같다.

[ORACLE]

```sql
WITH emp_w (empno, mgr, ename, hiredate, lv) AS
(
SELECT t1.empno
     , t1.mgr
     , t1.ename
     , TO_CHAR(t1.hiredate,'YYYY-MM-DD') hiredate
     , 1 AS lv
FROM   emp t1
WHERE  t1.mgr IS NULL
UNION ALL
SELECT t2.empno
     , t2.mgr
     , t2.ename
     , TO_CHAR(t2.hiredate,'YYYY-MM-DD')
     , t1.lv + 1 AS lv
FROM   emp_w t1
     , emp t2
WHERE  t2.mgr = t1.empno
)
SEARCH BREADTH FIRST BY hiredate, ename SET ord
SELECT t10.empno
     , t10.mgr
     , t10.lv
     , t10.hiredate
     , LPAD('_',t10.lv,'_')||' '||t10.ename AS ename
FROM   emp_w t10
ORDER BY ord ;
```

[PostgreSQL]
```sql
WITH RECURSIVE emp_w AS
(
SELECT  t1.empno
      , t1.mgr
      , t1.ename
      , t1.hiredate
      , 1 AS lv
FROM    emp t1
WHERE   t1.mgr IS NULL
UNION ALL
SELECT  t2.empno
      , t2.mgr
      , t2.ename
      , t2.hiredate
      , t1.lv + 1 AS lv
FROM    emp_w t1
      , emp t2
WHERE   t2.mgr = t1.empno
)
SELECT  t10.empno
      , t10.mgr
      , t10.lv
      , t10.hiredate
      , LPAD('_',t10.lv,'_')||' '||t10.ename AS ename
FROM    emp_w t10
ORDER BY t10.lv
       , t10.hiredate
       , t10.ename ;
```

EMPNO	MGR	LV	HIREDATE	ENAME
7839	{null}	1	1981-11-17	_ KING
7566	7839	2	1981-04-02	__ JONES
7698	7839	2	1981-05-01	__ BLAKE
7782	7839	2	1981-06-09	__ CLARK
7499	7698	3	1981-02-20	___ ALLEN
7521	7698	3	1981-02-22	___ WARD
7844	7698	3	1981-09-08	___ TURNER
7654	7698	3	1981-09-28	___ MARTIN
7902	7566	3	1981-12-03	___ FORD
7900	7698	3	1981-12-03	___ JAMES
7934	7782	3	1982-01-23	___ MILLER
7788	7566	3	1987-04-19	___ SCOTT
7369	7902	4	1980-12-17	____ SMITH
7876	7788	4	1987-05-23	____ ADAMS

7.3.4. Recursive Subquery Factoring 계층 우선 정렬

계층형 데이터를 계층 구조를 우선하여 정렬하려면, 오라클에서는 'SEARCH DEPTH FIRST BY' 키워드를 사용하고, PostgreSQL에서는 배열(array) 기능을 사용해야 한다. PostgreSQL에서 배열 기능 대신 문자열을 사용할 수도 있지만, 문자열 길이가 다를 때 고정 자릿수로 맞추는 데 드는 수고를 고려하면 배열 기능을 사용하는 것이 더 편리하다.

아래 예제 SQL은 계층 구조가 풀리는 순서대로 데이터를 표시하고, 같은 레벨 안에서는 hiredate, ename 순으로 정렬해서 보여준다. 이 방식을 통해, 계층 데이터를 보다 직관적이고 체계적으로 조회할 수 있다.

[ORACLE]

```sql
WITH emp_w (empno, mgr, ename, hiredate, lv) AS
(
SELECT t1.empno
     , t1.mgr
     , t1.ename
     , TO_CHAR(t1.hiredate, 'YYYY-MM-DD') AS hiredate
     , 1                                  AS lv
FROM   emp t1
WHERE  t1.mgr IS NULL
UNION ALL
SELECT t2.empno
     , t2.mgr
     , t2.ename
     , TO_CHAR(t2.hiredate, 'YYYY-MM-DD') AS hiredate
     , t1.lv + 1                          AS lv
FROM   emp_w t1
     , emp t2
WHERE  t2.mgr = t1.empno
)
SEARCH DEPTH FIRST BY hiredate, ename SET ord
SELECT t10.empno
     , t10.mgr
     , t10.lv
     , t10.hiredate
     , LPAD('_',t10.lv,'_') ||' '|| t10.ename AS ename
FROM   emp_w t10
ORDER BY ord ;
```

[PostgreSQL]

```sql
WITH RECURSIVE emp_w AS
(
SELECT t1.empno,
     , t1.mgr
     , t1.ename
     , t1.hiredate
     , 1 AS lv
     , ARRAY['1', t1.hiredate, t1.ename]::text[] AS sort_str
FROM   emp t1
WHERE  t1.mgr IS NULL
UNION ALL
SELECT t2.empno
     , t2.mgr
     , t2.ename
     , t2.hiredate
     , t1.lv + 1 AS lv
     , ARRAY_APPEND(
                ARRAY_APPEND(
                        ARRAY_APPEND(t1.sort_str,(t1.lv+1)::text)
                        , t2.hiredate::text)
                , t2.ename::text) AS sort_str
FROM   emp_w t1
     , emp t2
WHERE  t2.mgr = t1.empno
)
SELECT t10.empno
     , t10.mgr
     , t10.lv
     , t10.hiredate
     , LPAD('_',t10.lv,'_')||' '||t10.ename AS ename
     , sort_str
FROM   emp_w t10
ORDER BY t10.sort_str ;
```

EMPNO	MGR	LV	HIREDATE	ENAME	SORT_STR
7839	{null}	1	1981-11-17	_ KING	{1,1981-11-17,KING}
7566	7839	2	1981-04-02	__ JONES	{1,1981-11-17,KING,2,1981-04-02,JONES}
7902	7566	3	1981-12-03	___ FORD	{1,1981-11-17,KING,2,1981-04-02,JONES,3,1981-12-03,FORD}
7369	7902	4	1980-12-17	____ SMITH	{1,1981-11-17,KING,2,1981-04-02,JONES,3,1981-12-03,FORD,4,1980-12-17,SMITH}
7788	7566	3	1987-04-19	___ SCOTT	{1,1981-11-17,KING,2,1981-04-02,JONES,3,1987-04-09,SCOTT}
7876	7788	4	1987-05-23	____ ADAMS	{1,1981-11-17,KING,2,1981-04-02,JONES,3,1987-04-09,SCOTT,4,1987-05-23,ADAMS}
7698	7839	2	1981-05-01	__ BLAKE	{1,1981-11-17,KING,2,1981-05-01,BLAKE}
7499	7698	3	1981-02-20	___ ALLEN	{1,1981-11-17,KING,2,1981-05-01,BLAKE,3,1981-02-20,ALLEN}
7521	7698	3	1981-02-22	___ WARD	{1,1981-11-17,KING,2,1981-05-01,BLAKE,3,1981-02-20,WARD}
7844	7698	3	1981-09-08	___ TURNER	{1,1981-11-17,KING,2,1981-05-01,BLAKE,3,1981-09-08,TURNER}
7654	7698	3	1981-09-28	___ MARTIN	{1,1981-11-17,KING,2,1981-05-01,BLAKE,3,1981-09-28,MARTIN}
7900	7698	3	1981-12-03	___ JAMES	{1,1981-11-17,KING,2,1981-05-01,BLAKE,3,1981-12-03,JAMES}
7782	7839	2	1981-06-09	__ CLARK	{1,1981-11-17,KING,2,1981-06-09,CLARK}
7934	7782	3	1982-01-23	___ MILLER	{1,1981-11-17,KING,2,1981-06-09,CLARK,3,1982-01-23,MILLER}

7.3.5. CONNECT_BY_ISLEAF, CONNECT_BY_ROOT, SYS_CONNECT_BY_PATH 값 만들기

오라클의 CONNECT_BY_ISLEAF, CONNECT_BY_ROOT, SYS_CONNECT_BY_PATH 칼럼을 Recursive Subquery Factoring 방식으로 구현하는 예제를 살펴보자. PostgreSQL은 오라클과 달리 SELECT 절에 EXISTS, NOT EXISTS를 사용할 수 있다. 이에 따라 오라클과 ISLEAF 칼럼값을 구하는 방법이 다르다. 오라클처럼 LEAD 분석 함수를 사용해 값을 구할 수도 있지만, 이 예제에서는 SELECT 절에 NOT EXISTS를 사용하는 방식으로 SQL을 작성했다. SELECT 절에 NOT EXISTS를 사용하는 방식은 LEAD 분석 함수를 사용하는 것보다 emp_w 집합을 한 번 더 읽는 비효율이 있지만, emp_w 집합은 메모리에 저장된 데이터이며, 크기가 매우 크지 않다면 성능 차이가 거의 없다. 또한, NOT EXISTS를 사용하는 방식이 LEAD 분석 함수를 사용하는 것보다 더 직관적으로 로직을 이해할 수 있으며, 정렬 칼럼이 없어도 사용할 수 있는 장점이 있어 PostgreSQL 예제는 NOT EXISTS를 사용하는 방식으로 작성했다.

오라클에서는 문자열과 문자열을 연결할 때 4,000자 제한이 있지만, PostgreSQL에는 그러한 제한이 없어서 PostgreSQL 예제의 PH(path) 칼럼값은 text 데이터 타입의 길이 제한을 초과하지 않는 한 에러가 발생하지 않는다.

[ORACLE]

```
WITH emp_w (empno, mgr, ename, hiredate, lv, rt, ph) AS (
SELECT t1.empno
     , t1.mgr
     , t1.ename
     , TO_CHAR(t1.hiredate, 'YYYY-MM-DD') AS hiredate
     , 1 AS lv
     , t1.ename AS rt
     , CAST(t1.ename AS VARCHAR2(4000)) AS ph
  FROM emp t1
 WHERE t1.mgr IS NULL
UNION ALL
SELECT t2.empno
     , t2.mgr
     , t2.ename
     , TO_CHAR(t2.hiredate, 'YYYY-MM-DD') AS hiredate
     , t1.lv + 1 AS lv
     , t1.rt , CAST(t1.ph||'>'||t2.ename AS VARCHAR2(4000)) AS ph
  FROM emp_w t1
     , emp t2
 WHERE t2.mgr = t1.empno )
SEARCH DEPTH FIRST BY hiredate, ename SET ord
SELECT t10.empno
     , t10.mgr
     , t10.lv
     , t10.hiredate
     , LPAD('_',t10.lv,'_') || ' '|| t10.ename AS ename
     , CASE WHEN t10.lv - LEAD(t10.lv) OVER(ORDER BY t10.ord) < 0 THEN 0 ELSE 1 END AS lf /* CONNECT_BY_ISLEAF */
     , t10.rt /* CONNECT_BY_ROOT */
     , t10.ph /* SYS_CONNECT_BY_PATH */
  FROM emp_w t10
 ORDER BY ord ;
```

[PostgreSQL]

```sql
WITH RECURSIVE emp_w AS(
SELECT t1.empno, t1.mgr, t1.ename, t1.hiredate, 1 AS lv
     , ARRAY['1', t1.hiredate, t1.ename]::text[] sort_str
     , t1.ename AS rt, t1.ename::text AS path
FROM   emp t1
WHERE  t1.mgr IS NULL
UNION ALL
SELECT t2.empno, t2.mgr, t2.ename, t2.hiredate, t1.lv + 1 AS lv
     , ARRAY_APPEND(
                ARRAY_APPEND(
                        ARRAY_APPEND(t1.sort_str,(t1.lv+1)::text)
                        , t2.hiredate::text)
                , t2.ename::text) AS sort_str
     , t1.rt AS rt, CONCAT(t1.path,'>',t2.ename)::text AS path
FROM   emp_w t1
     , emp t2
WHERE  t2.mgr = t1.empno )
SELECT t100.empno, t100.mgr, t100.lv, t100.hiredate, t100.ename
     , CASE WHEN t100.isleaf THEN 1 ELSE 0 END AS lf /* CONNECT_BY_ISLEAF */
     , t100.rt /* CONNECT_BY_ROOT */, t100.path /* CONNECT_BY_PATH */
FROM   (
     SELECT t10.empno, t10.mgr, t10.lv, t10.hiredate
          , LPAD('_',t10.lv,'_')|| ' '||t10.ename AS ename
          , NOT EXISTS(SELECT *
                    FROM   emp_w p
                    WHERE  p.mgr = t10.empno) AS isleaf
          , t10.rt, t10.path, t10.sort_str
     FROM   emp_w t10
     ) t100
ORDER BY t100.sort_str[1] ;
```

---

1) sort_str 값은 '7.3.4 Recursive Subguery Factoring 계층 우선 정렬'의 결과를 참고하기 바란다.

EMPNO	MGR	LV	HIREDATE	ENAME	LF	RT	PH
7839	{null}	1	1981-11-17	_ KING	0	KING	KING
7566	7839	2	1981-04-02	__ JONES	0	KING	KING>JONES
7902	7566	3	1981-12-03	___ FORD	0	KING	KING>JONES>FORD
7369	7902	4	1980-12-17	____ SMITH	1	KING	KING>JONES>FORD>SMITH
7788	7566	3	1987-04-19	___ SCOTT	0	KING	KING>JONES>SCOTT
7876	7788	4	1987-05-23	____ ADAMS	1	KING	KING>JONES>SCOTT>ADAMS
7698	7839	2	1981-05-01	__ BLAKE	0	KING	KING>BLAKE
7499	7698	3	1981-02-20	___ ALLEN	1	KING	KING>BLAKE>ALLEN
7521	7698	3	1981-02-22	___ WARD	1	KING	KING>BLAKE>WARD
7844	7698	3	1981-09-08	___ TURNER	1	KING	KING>BLAKE>TURNER
7654	7698	3	1981-09-28	___ MARTIN	1	KING	KING>BLAKE>MARTIN
7900	7698	3	1981-12-03	___ JAMES	1	KING	KING>BLAKE>JAMES
7782	7839	2	1981-06-09	__ CLARK	0	KING	KING>CLARK
7934	7782	3	1982-01-23	___ MILLER	1	KING	KING>CLARK>MILLER

7.3.6. Recursive Subquery Factoring 무한 루프(cycle) 데이터 처리

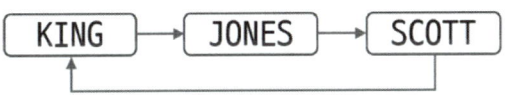

위 그림처럼 계층 데이터 이상으로 무한루프가 발생할 수 있다. 오라클은 'CONNECT BY NOCYCLE' 구문을 사용하여 무한 루프를 방지할 수 있으며, 'CONNECT_BY_ISCYCLE'을 사용하여 무한 루프 데이터를 식별할 수 있다. 오라클은 Recursive Subquery Factoring 방식에서도 무한 루프 처리를 위한 별도의 문법을 제공하지만, PostgreSQL은 그렇지 않다.

오라클 예시 SQL에서 'CYCLE EMPNO SET CY TO 1 DEFAULT 0'부분이 무한 루프 데이터를 처리하는 부분이다. SEARCH DEPTH FIRST와 ORDER BY절은 필수적이지 않지만, 데이터를 더욱 명확하게 보기 위해 추가되었다. 아래 SQL에서 CY 칼럼은 오라클의 CONNECT BY 구문을 사용했을 때 CONNECT_BY_ISCYCLE 칼럼과 같은 의미를 가지며, 값이 1이면 무한 루프의 원인이 되는 데이터임을 나타낸다.

[ORACLE]

```sql
WITH emp_w (empno, mgr, ename, hiredate, lv, rt, ph) AS(
SELECT t1.empno
     , t1.mgr
     , t1.ename
     , TO_CHAR(t1.hiredate, 'YYYY-MM-DD') AS hiredate
     , 1 AS lv
     , t1.ename AS rt
     , CAST(t1.ename AS VARCHAR2(4000)) AS ph
  FROM emp t1
 WHERE t1.mgr IS NULL
UNION ALL
SELECT t2.empno
     , t2.mgr
     , t2.ename
     , TO_CHAR(t2.hiredate, 'YYYY-MM-DD') AS hiredate
     , t1.lv + 1 AS lv
     , t1.rt
     , CAST(t1.ph||'>'||t2.ename AS VARCHAR2(4000)) AS ph
  FROM emp_w t1
     , emp t2
 WHERE t1.empno = t2.mgr )
SEARCH DEPTH FIRST BY hiredate , ename SET ord
CYCLE empno SET cy TO 1 DEFAULT 0
SELECT t10.empno
     , t10.mgr
     , LPAD('_',t10.lv,'_') || ' '|| t10.ename AS ename
     , t10.hiredate
     , t10.lv
     , t10.ph /* SYS_CONNECT_BY_PATH와 동일 */
     , t10.cy
  FROM emp_w t10
 ORDER BY ord ;
```

[PostgreSQL]

```sql
WITH RECURSIVE emp_w AS(
SELECT t1.empno
     , t1.mgr
     , t1.ename
     , t1.hiredate
     , 1 AS lv
     , ARRAY['1', t1.hiredate, t1.ename]::text[] sort_str
     , ARRAY[t1.empno]::text[] AS arr_empno
     , t1.ename::text AS path
     , 0 AS loop_cnt
FROM   emp t1
WHERE  t1.mgr IS NULL
UNION ALL
SELECT t2.empno
     , t2.mgr
     , t2.ename
     , t2.hiredate
     , t1.lv + 1 AS lv
     , ARRAY_APPEND(
                ARRAY_APPEND(
                          ARRAY_APPEND(t1.sort_str,(t1.lv+1)::text)
                          , t2.hiredate::text)
                , t2.ename::text) AS sort_str
     , ARRAY_APPEND(t1.arr_empno,t2.empno::text) arr_empno
     , CONCAT(t1.path,'>',t2.ename)::text AS path
     , CASE WHEN t1.arr_empno @> ARRAY[t2.empno::text] THEN 1 ELSE 0 END AS loop_cnt
FROM   emp_w t1
     , emp t2
WHERE  t2.mgr = t1.empno
AND    t1.loop_cnt = 0 )
SELECT t10.empno,    t10.mgr, LPAD('_',t10.lv,'_')|| ' '||t10.ename AS ename
     , t10.hiredate, t10.lv,  t10.path, t10.loop_cnt AS cy
FROM   emp_w t10
ORDER BY sort_str[1] ;
```

---

1) sort_str 값은 '7.3.4 Recursive Subguery Factoring 계층 우선 정렬'의 결과를 참고하기 바란다.

EMPNO	MGR	ENAME	HIREDATE	LV	PH	CY
7839	7788	KING	1981-11-17	1	KING	0
7566	7839	JONES	1981-04-02	2	KING>JONES	0
7902	7566	FORD	1981-12-03	3	KING>JONES>FORD	0
7369	7902	SMITH	1980-12-17	4	KING>JONES>FORD>SMITH	0
7788	7566	SCOTT	1987-04-19	3	KING>JONES>SCOTT	0
7839	7788	KING	1981-11-17	4	KING>JONES>SCOTT>KING	1
7876	7788	ADAMS	1987-05-23	4	KING>JONES>SCOTT>ADAMS	0
7698	7839	BLAKE	1981-05-01	2	KING>BLAKE	0
7499	7698	ALLEN	1981-02-20	3	KING>BLAKE>ALLEN	0
7521	7698	WARD	1981-02-22	3	KING>BLAKE>WARD	0
7844	7698	TURNER	1981-09-08	3	KING>BLAKE>TURNER	0
7654	7698	MARTIN	1981-09-28	3	KING>BLAKE>MARTIN	0
7900	7698	JAMES	1981-12-03	3	KING>BLAKE>JAMES	0
7782	7839	CLARK	1981-06-09	2	KING>CLARK	0
7934	7782	MILLER	1982-01-23	2	KING>CLARK>MILLER	0

CONNECT BY 구문의 CONNECT_BY_ISCYCLE을 사용할 때와 재귀적 서브쿼리 팩터링을 사용할 때 CYCLE 값이 다를 수 있으니, 주의가 필요하다.

KING→JOINE→SCOTT→KING으로 무한 루프가 발생할 경우, CONNECT BY 구문을 사용하면 SCOTT 데이터까지만 표시되며, SCOTT에서 무한 루프가 발생했다고 표시한다. 하지만, Recursive subquery factoring을 사용하면 무한 루프가 발생하는 데이터인 KING까지 데이터를 표시하고, KING에서 무한 루프가 발생했음을 나타낸다. CONNECT BY 구문은 무한 루프가 발생해도 계층 구조를 제대로 표시하는 장점이 있으며, Recursive subquery factoring은 무한 루프가 발생한 데이터도 함께 볼 수 있는 장점이 있다.

오라클(CONNECT BY 사용시)

LV	EMPNO	ENAME	MGR	IC
1	7839	KING	7566	0
2	7566	JONES	7839	0
3	7788	SCOTT	7566	1
4	7876	ADAMS	7788	0

오라클, PostgreSQL (Recursive subquery factoring 사용)

LV	EMPNO	ENAME	MGR	IC
1	7839	KING	7566	0
2	7566	JONES	7839	0
3	7788	SCOTT	7566	0
4	7876	ADAMS	7788	0
4	7839	KING	7788	1

만약 KING→JOINE→SCOTT→KING 무한 루프가 발생했을 때 두 번째 KING 데이터뿐만 아니라 처음에 나온 KING 데이터에도 CYCLE 값을 표시하고자 한다면, 분석 함수를 사용해야 한다.

[ORACLE]

```
WITH emp_w( lv, empno, ename, mgr, hiredate ) AS (
SELECT 1 AS lv
     , t1.empno
     , t1.ename
     , t1.mgr
     , TO_CHAR(t1.hiredate, 'YYYY-MM-DD') AS hiredate
  FROM emp t1
 WHERE t1.mgr IS NULL
 UNION ALL
SELECT t1.lv + 1 AS lv
     , t2.empno
     , t2.ename
     , t2.mgr
     , TO_CHAR(t2.hiredate, 'YYYY-MM-DD') AS hiredate
  FROM emp_w t1
     , emp t2
 WHERE t1.empno = t2.mgr )
SEARCH DEPTH FIRST BY hiredate, ename SET ord
CYCLE EMPNO SET cy TO 1 DEFAULT 0
SELECT t10.lv
     , t10.empno
     , LPAD('_',t10.lv,'_')||' '||t10.ename AS ename
     , t10.mgr
     , MAX(cy) OVER(PARTITION BY t10.empno) AS cy
  FROM emp_w t10
 ORDER BY ord ;
```

[PostgreSQL]

```sql
WITH RECURSIVE emp_w AS(
SELECT 1 AS lv, t1.empno, t1.ename, t1.mgr
     , ARRAY['1', t1.hiredate, t1.ename]::text[] sort_str
     , ARRAY[t1.empno]::text[] AS arr_empno, 0 AS loop_cnt
FROM    emp t1
WHERE   t1.mgr IS NULL
UNION ALL
SELECT t1.lv + 1 AS lv, t2.empno, t2.ename, t2.mgr
     , ARRAY_APPEND(
                 ARRAY_APPEND(
                           ARRAY_APPEND(t1.sort_str,(t1.lv+1)::text)
                         , t2.hiredate::text)
                    , t2.ename::text) AS sort_str
     , ARRAY_APPEND(t1.arr_empno,t2.empno::text) arr_empno
     , CASE WHEN t1.arr_empno @> ARRAY[t2.empno::text] THEN 1 ELSE 0 END AS loop_cnt
FROM    emp_w t1
     , emp t2
WHERE   t2.mgr = t1.empno
AND     t1.loop_cnt = 0 )
SELECT t10.lv, t10.empno, LPAD('_',t10.lv,'_')|| ' '||t10.ename AS ename, t10.mgr
     , MAX(loop_cnt) OVER(PARTITION BY empno) AS ic
FROM    emp_w t10
ORDER BY sort_str ;
```

LV	EMPNO	ENAME	MGR	IC
1	7839	_ KING	7788	1
2	7566	__ JONES	7839	0
3	7902	___ FORD	7566	0
4	7369	____ SMITH	7902	0
3	7788	___ SCOTT	7566	0
4	7839	____ KING	7788	1

7.3.7. Recursive subquery factoring을 이용한 계층 누적합 계산

계층을 전개하면서 본인과 부모 데이터의 특정 칼럼값을 누적해서 계산할 때, 오라클의 CONNECT BY 구문보다 Recursive Subquery Factoring를 사용하는게 편리하다.

[ORACLE]

```sql
WITH emp_w(empno, mgr, ename, lv, sal, sal_par_me, cum_sal) AS (
SELECT t1.empno
     , t1.mgr
     , t1.ename
     , 1 AS lv
     , t1.sal
     , t1.sal sal_par_me
     , t1.sal cum_sal
FROM   emp t1
WHERE  t1.mgr IS NULL
UNION ALL
SELECT t2.empno
     , t2.mgr
     , t2.ename
     , t1.lv + 1 AS lv
     , t2.sal AS sal
     , t1.sal + t2.sal AS sal_par_me /* 내 부모 SAL과 내SAL의 합 */
     , t1.cum_sal + t2.sal AS cum_sal /* ROOT부터 나까지의 SAL의 합 */
FROM   emp_w t1
     , emp t2
WHERE  t2.mgr = t1.empno)
SEARCH DEPTH FIRST BY ename SET ord
SELECT t10.empno
     , t10.mgr
     , LPAD('_',t10.lv,'_') || ' ' || t10.ename AS ename
     , t10.lv
     , t10.sal
     , t10.sal_par_me /* 부모와 내sal합 */
     , t10.cum_sal /* 조상들과내sal합 */
FROM   emp_w t10 ;
```

EMPNO	MGR	ENAME	LV	SAL	SAL_PAR_ME	CUM_SAL
7839	{null}	_ KING	1	5000.00	5000.00	5000.00
7698	7839	__ BLAKE	2	2850.00	7850.00	7850.00
7499	7698	___ ALLEN	3	1600.00	4450.00	9450.00
7900	7698	___ JAMES	3	950.00	3800.00	8800.00
7654	7698	___ MARTIN	3	1250.00	4100.00	9100.00
7844	7698	___ TURNER	3	1500.00	4350.00	9350.00
7521	7698	___ WARD	3	1250.00	4100.00	9100.00
7782	7839	__ CLARK	2	2450.00	7450.00	7450.00
7934	7782	___ MILLER	3	1300.00	3750.00	8750.00
7566	7839	__ JONES	2	2975.00	7975.00	7975.00
7902	7566	___ FORD	3	3000.00	5975.00	10975.00
7369	7902	____ SMITH	4	800.00	3800.00	11775.00
7788	7566	___ SCOTT	3	3000.00	5975.00	10975.00
7876	7788	____ ADAMS	4	1100.00	4100.00	12075.00

PostgreSQL에서는 데이터 형변환, 특히 연산 결과의 데이터 타입에 주의를 기울여야 한다. 아래 예시에서는 sal 칼럼을 의도적으로 numeric(7,2)로 설정하고 테스트를 진행했다. '(t1.sal + t2.sal)::numeric(7,2)' 부분과 '(t1.cum_sum + t2.sal)::numeric(7,2)' 부분에서 **연산의 결과를 명시적으로 형 변환해야 에러가 발생하지 않는다.** 만약 형 변환을 명시적으로 하지 않거나, 자리수 없이 numeric이나 int와 같은 데이터 타입으로 형 변환하려 하면 형 변환 오류-Cast the output of the non-recursive term to the correct type-이 발생할 수 있다.

[PostgreSQL]

```sql
WITH RECURSIVE emp_w AS (
SELECT t1.empno
     , t1.mgr
     , t1.ename
     , 1 AS lv
     , t1.sal
     , ARRAY['1', t1.hiredate, t1.ename]::text[] cum_sal
     , t1.sal AS sal_par_me
     , t1.sal AS cum_sal
FROM   emp t1
WHERE  t1.mgr IS NULL
UNION ALL
SELECT t2.empno
     , t2.mgr
     , t2.ename
     , t1.lv + 1 AS lv
     , t2.sal
     , ARRAY_APPEND(
                ARRAY_APPEND(t1.sort_str,(t1.lv+1)::text)
                ,t2.ename::text) AS sort_str
     , (t1.sal + t2.sal)::numeric(7,2) AS sal_par_me
     , (t1.cum_sal + t2.sal)::numeric(7,2) AS cum_sal
FROM   emp_w t1
     , emp t2
WHERE  t2.mgr = t1.empno )
SELECT t10.empno
     , t10.mgr
     , LPAD('_',t10.lv,'_')|| ' '||t10.ename AS ename
     , t10.lv
     , t10.sal
     , t10.sal_par_me
     , t10.cum_sal
FROM   emp_w t10
ORDER BY t10.sort_str ;
```

225

EMPNO	MGR	ENAME	LV	SAL	SAL_PAR_ME	CUM_SAL
7839	{null}	_ KING	1	5000.00	5000.00	5000.00
7698	7839	__ BLAKE	2	2850.00	7850.00	7850.00
7499	7698	___ ALLEN	3	1600.00	4450.00	9450.00
7900	7698	___ JAMES	3	950.00	3800.00	8800.00
7654	7698	___ MARTIN	3	1250.00	4100.00	9100.00
7844	7698	___ TURNER	3	1500.00	4350.00	9350.00
7521	7698	___ WARD	3	1250.00	4100.00	9100.00
7782	7839	__ CLARK	2	2450.00	7450.00	7450.00
7934	7782	___ MILLER	3	1300.00	3750.00	8750.00
7566	7839	__ JONES	2	2975.00	7975.00	7975.00
7902	7566	___ FORD	3	3000.00	5975.00	10975.00
7369	7902	____ SMITH	4	800.00	3800.00	11775.00
7788	7566	___ SCOTT	3	3000.00	5975.00	10975.00
7876	7788	____ ADAMS	4	1100.00	4100.00	12075.00

CHAPTER 8
PostgreSQL SQL 작성 가이드(참고용)

CHAPTER 8. PostgreSQL SQL 작성 가이드(참고용)

본 문서는 PostgreSQL에서 최소한의 SQL 품질을 보장하기 위해 SQL 작성 시 준수해야 할 규칙에 대한 참고 자료다.

8.1. SQL ID 설정

SQL ID는 SQL을 식별하기 위한 식별자로, SQL 문장의 첫 번째 줄에 주석으로 삽입한다. 주석은 '/*' 과 '*/' 사이에 작성한다.

[사용 예]

```
SELECT /* SQLID:ShpQue.SELECTShpQueFrmShp08 */
       ... (이하 생략)
```

8.2. SQL 정렬

SQL 정렬은 SQL 쿼리의 가독성을 향상시켜 유지보수 과정에서 SQL을 더 쉽게 이해할 수 있도록 도와준다. 모든 코드를 한 사람이 작성한 것처럼 통일성을 완벽하게 맞출 수는 없지만, 다른 사람이 내가 작성한 SQL을 볼 때, SQL의 전체 구조를 좀 더 쉽게 파악할 수 있도록 정렬을 맞춰야 한다.

8.2.1. Keywords 맞춤

SQL의 전체 구조를 쉽게 파악할 수 있다면, 키워드는 오른쪽 정렬이든 왼쪽 정렬이든 상관없다. 중요한 것은 다른 사람이 내가 작성한 SQL을 이해하기 쉬운가 여부이다.

[다양한 Keywords 맞춤 예]

```sql
SELECT ...
FROM    tab1 AS t1
      , tab2 AS t2
WHERE   t2.c1 = t1.c1;

SELECT ...
FROM    tab1 AS t1
INNER   JOIN tab2 AS t2
          ON ( t2.c1 = t1.c1 ) ;

SELECT ...
  FROM tab1 AS t1
     , tab2 AS t2
 WHERE 1 = 1
   AND t2.c1 = t1.c1;

     SELECT ...
       FROM tab1 AS t1
INNER JOIN tab2 AS t2
            ON ( t2.c1 = t1.c1 ) ;
```

8.2.2. OUTER JOIN이 있는 SQL은 전체를 ANSI 문법으로 작성

PostgreSQL에서는 INNER JOIN을 단순히 ','로 표현할 수도 있고, ANSI 문법에 따른 INNER JOIN을 명시할 수도 있다. OUTER JOIN이 포함되지 않은 SQL에서는 ','로 INNER JOIN을 표현해도 되지만, SQL에 OUTER JOIN이 포함된 경우에는 INNER JOIN을 사용한다.

[이렇게 하지 말아주세요.]

```
SELECT ...
FROM    tab1 AS t1
      , tab2 AS t2
LEFT OUTER JOIN tab3 AS t3
        ON ( t2.c2 = t3.c2 )
WHERE  1 = 1
AND    t2.c1 = t1.c1 ;
```

[이렇게 해주세요.]

```
SELECT ...
FROM    tab1 AS t1
      , tab2 AS t2
WHERE  1 = 1
AND    t2.c1 = t1.c1 ;

SELECT ...
FROM    tab1 AS t1
INNER JOIN tab2 AS t2
        ON ( t2.c1 = t1.c1 ) ;

SELECT ...
FROM    tab1 AS t1
INNER JOIN tab2   AS t2
        ON ( t2.c1 = t1.c1 )
LEFT OUTER JOIN tab3 AS t3
        ON ( t2.c2 = t3.c2 ) ;
```

8.2.3. 한 줄에 SELECT 칼럼 한 개를 쓰고 ','는 칼럼 앞쪽에 배치한다.

[이렇게 하지 말아주세요.]

```
SELECT  c1, c2, c3
FROM    tab1 AS t1 ;


SELECT  c1,
        c2,
        c3
FROM    tab1 AS t1 ;
```

[이렇게 해주세요.]

```
SELECT  c1
      , c2
      , c3
FROM    tab1 AS t1 ;
```

8.2.4. 칼럼이 많으면 줄마다 적당한 수로 나눠서 쓰되, ','를 기준으로 칼럼의 위치를 맞춘다.

[이렇게 해주세요.]

```
SELECT  t1.col1,    t1.col2,    t1.col3,    t1.col4,    t1.col5
      , t2.column1, t2.column2, t2.column3, t2.column4, t2.column5
...


SELECT  t1.col1    , t1.col2    , t1.col3    , t1.col4    , t1.col5
      , t2.column1, t2.column2, t2.column3, t2.column4, t2.column5
...
```

8.3. SQL 작성 도움말

8.3.1. WHERE 절은 '1 = 1'로 시작한다.

이렇게 하면 모든 조건절이 'AND'로 시작해서 사용자 입력 조건에 따라 SQL의 조건절을 프로그램에서 더 쉽게 추가하거나 제거할 수 있다.

[이렇게 하지 말아주세요.]

```
WHERE  t1.bil_van_lo IN ( '0', 'L' )
```

[이렇게 해주세요.]

```
WHERE  1 = 1
AND    t1.bil_van_lo IN ( '0', 'L' )
```

8.3.2. COUNT(*) 외에 '*' 사용하지 않는다.

[이렇게 하지 말아주세요.]

```
SELECT *
FROM   table1
...

INSERT INTO t(c1, c2, c3)
SELECT *
FROM   table1
...
```

8.3.3. 결과에 영향을 주지 않는 칼럼은 SELECT 절에 포함하지 않는다.

[이렇게 하지 말아주세요.]

```
/* t10.col3와 t10.col4는 최종 화면에서 필요 없는 칼럼임. */
SELECT  t10.col1, t10.col2, t10.col3, t10.col4
FROM    (
        SELECT  t1.col1, t1.col2
                t1.col3, t1.col4
        FROM    table1 t1
             ,  table2 t2
        ...
        ) t10
...
```

[이렇게 해주세요.]

```
/* 최종 화면에 필요 없는 t10.col3, t10.col4 제거 */
SELECT t10.col1, t10.col2
FROM  (
        SELECT t1.col1
             , t1.col2
        FROM  table1 t1
            , table2 t2
        ...
      ) t10
...
/* 최종 화면에 필요 없는 t10.col3, t10.col4 주석 처리 */
SELECT t10.col1, t10.col2
  /* , t10.col3, t10.col4 */
FROM  (
        SELECT t1.col1, t1.col2
          /* , t1.col3, t1.col4 */
        FROM  table1 t1
            , table2 t2
        ...
      ) t10
...
```

8.3.4. 주석은 '--' 대신 '/* */'을 사용한다.

'--'로 주석을 사용하면 실수로 줄 바꿈을 제거했을 때 의도치 않게 뒷줄까지 주석으로 인식되어 오류가 발생할 수 있다.

[이렇게 하지 말아주세요.]

```
-- 주석내용
```

[이렇게 해주세요.]

```
/* 주석내용 */
```

8.3.5. 테이블이나 인라인 뷰에 별칭(alias)은 반드시 사용하고, 한 SQL 내에서 별칭이 중복되지 않게 한다.

[이렇게 하지 말아주세요.]

```sql
/* 인라인뷰에 alias가 없다. */
SELECT col1
FROM   (SELECT t1.col1
        FROM   tab1 AS t1
             , tab2 AS t2 ...
       )
...

/* alias 't1' 중복. */
SELECT t1.col1
FROM   (SELECT t1.col1
        FROM   tab1 AS t1
             , tab2 AS t2 ...
       ) t1
...

/* tab2에 alias 없음. */
SELECT t1.col1
FROM   tab1 AS t1
     , tab2
WHERE  1 = 1
AND    tab2.col1=t1.col1
...
```

[이렇게 해주세요.]

```
SELECT  t10.col1
FROM    (SELECT  t1.col1
         FROM    tab1 AS t1
               , tab2 AS t2
         ...
        ) t10
...

SELECT  a.col1, k.col2
FROM    tab1 a
      , tab2 j
      , tab3 k
      , tab4 l
...
```

8.3.6. FROM 절의 순서는 작성자가 생각한 JOIN 순서대로 적는다.

[이렇게 하지 말아주세요.]

```
/* 작성자가 생각한 읽는 순서와 FROM절 순서가 다름. t1 테이블 조건과 t2 테이블 조건이 섞여 있음. */
SELECT  t1.bil_van_class, t1.bil_van_vessel, t2.bic_free_teupool
/* t1을 먼저 읽고 t2와 조인하는 의도지만 t2테이블을 먼저 적음 */
FROM    bic_freeday t2
      , bil_vanpool_stack t1
WHERE   1 = 1
AND     t1.bil_van_vandate >= :a1
AND     t1.bil_van_fm = t2.bic_free_fullempt
AND     t2.bic_free_operator = :a3
AND     :a2 >= t1.bil_van_vandate
AND     t1.bil_van_lo IN ( 'O', 'L' )
...
```

[이렇게 해주세요.]

```sql
SELECT  t1.bil_van_class, t1.bil_van_vessel, t2.bic_free_teupool
/* t1을 먼저 읽고 t2와 조인하는 것을 의도함 */
FROM    bil_vanpool_stack t1
     ,  bic_freeday t2
WHERE  1 = 1
/* t1의 필터 조건 */
AND     t1.bil_van_vandate >= :a1
AND     :a2 >= t1.bil_van_vandate
AND     t1.bil_van_lo IN ( 'O', 'L' )
/* t1과 t2의 조인 조건 */
AND     t1.bil_van_fm = t2.bic_free_fullempt
/* t2의 필터 조건 */
AND     t2.bic_free_operator = :a3
...
```

8.3.7. INSERT 문장에서 INSERT 할 칼럼을 생략하지 않는다.

[이렇게 하지 말아주세요.]

```sql
INSERT INTO t1 VALUES ('A' , 'B')

INSERT INTO t1
SELECT col1
     , col2
FROM   t1
```

[이렇게 해주세요.]

```
INSERT INTO t1(col1, col2) VALUES ('A', 'B')

INSERT INTO t1(col1, col2)
SELECT col1
     , col2
FROM   t1
```

8.3.8. 코드명, 이름 등을 구할 때 사용자 정의 함수 대신 스칼라 서브쿼리를 사용한다. 데이터 건수가 많을 경우 스칼라 서브쿼리 대신 OUTER JOIN이나 OUTER JOIN LATERAL을 사용한다.

사용자 정의 함수를 사용하면 'context switching'이 발생하여 SQL만으로 구현했을 때보다 성능이 저하된다. 특히 대용량 처리 시 해시 조인을 사용할 수 없어서 성능 저하가 더욱 심해진다.

[이렇게 하지 말아주세요.]

```
/* udf_cd_nm은 코드명을 구하는 사용자 정의 함수(UDF) */
SELECT t1.c1
     , t2.c2
     , udf_cd_nm(t2.c3) AS c3_nm
FROM   tab1 AS t1
     , tab2 AS t2
WHERE  1 = 1
AND    t2.c1 = t1.c1
```

[이렇게 해주세요.]

```sql
SELECT t1.c1
     , t2.c2
     , (
       SELECT s1.nm
       FROM   cd_tab AS s1
       WHERE  s1.cd = t2.c3
       LIMIT 1
       ) AS c3_nm
FROM   tab1 AS t1
     , tab2 AS t2
WHERE  1 = 1
AND    t2.c1 = t1.c1 ;

SELECT t10.c1, t10.c2, t20.nm
FROM   (
       SELECT t1.c1, t2.c2, t2.c3
       FROM   tab1 AS t1
            , tab2 AS t2
       WHERE  1     = 1
       AND    t2.c1 = t1.c1
       ) AS t10
       LEFT OUTER JOIN cd_tab AS t20
              ON ( t20.cd = t10.c3 ) ;

SELECT t10.c1, t10.c2, t20.nm
FROM   (
       SELECT t1.c1, t2.c2, t2.c3
       FROM   tab1 AS t1
            , tab2 AS t2
       WHERE  1     = 1
       AND    t2.c1 = t1.c1
       ) AS t10
       LEFT OUTER JOIN LATERAL
       (
       SELECT s1.nm
       FROM   cd_tab AS s1
       WHERE  s1.cd = t10.c3
       ) AS t20
       ON TRUE ;
```

8.3.9. 문자열을 연결할 때 '||' 대신 CONCAT 함수를 사용하라.

'2.2.4 CONCAT'과 '2.2.5 ||' 부분 참고.

[이렇게 하지 말아주세요.]
```
SELECT 'A' || 'B' || 'C'
```

[이렇게 해주세요.]
```
SELECT CONCAT('A','B','C')
```

8.3.10. SQL에서 현재 시각을 구할 때는 'CURRENT_TIMESTAMP'나 'NOW( )'를 사용하라.

[이렇게 하지 말아주세요.]
```
INSERT INTO tab1(cre_dt,upd_dt...)
SELECT clock_timestamp(), clock_timestamp() ...
```

[이렇게 해주세요.]
```
INSERT INTO tab1(cre_dt,upd_dt...)
SELECT current_timestamp, current_timestamp ...
```

8.3.11. 프로시저에서 현재 시각을 구할 때는 프로시저 내부 SQL 단위별로 'CLOCK_TIMESTAMP()' 값을 변수에 저장해서 사용하라.

[이렇게 하지 말아주세요.]

```
CREATE OR REPLACE PROCEDURE ins_test()
LANGUAGE PLPGSQL
AS $$
BEGIN
    INSERT INTO tab1(cre_dt,upd_dt...)
    SELECT current_timestamp, current_timestamp ...
    ...
    INSERT INTO tab1(cre_dt,upd_dt...)
    SELECT current_timestamp, current_timestamp ...
END;$$

CREATE OR REPLACE PROCEDURE ins_test()
LANGUAGE PLPGSQL
AS $$
BEGIN
    INSERT INTO tab1(cre_dt,upd_dt...)
    SELECT clock_timestamp(), clock_timestamp() ...
    ...
    INSERT INTO tab1(cre_dt,upd_dt...)
    SELECT clock_timestamp(), clock_timestamp() ...
END;$$
```

[이렇게 해주세요.]

```
CREATE OR REPLACE PROCEDURE ins_test()
LANGUAGE PLPGSQL
AS $$
DECLARE
    v_clock_time timestamp(0);
BEGIN
    SELECT clock_timestamp() INTO v_clock_time;
    INSERT INTO tab1(cre_dt,upd_dt...)
    SELECT v_clock_time, v_clock_time ...
    ...
    SELECT clock_timestamp() INTO v_clock_time;
    INSERT INTO tab1(cre_dt,upd_dt...)
    SELECT v_clock_time, v_clock_time ...
END;$$
```

8.3.12. 사용자 정의 함수(UDF), 트리거(Trigger)는 특별한 경우가 아니면 사용하지 않는다.

[이렇게 해주세요.]

- 사용자 정의 함수는 SQL로 만들어 주세요.
- 트리거는 프로그램으로 처리해주세요.

8.3.13. 연산 대상이 되는 칼럼, bind 변수로 입력 받는 값은 명시적으로 형변환을 하라.

[이렇게 해주세요.]

```
/* c1이 integer 속성일 때 */
FROM  tab1 AS t1
WHERE t1.c1 IN (:1::integer, :2::integer) /* 형변환 명시 */
...
혹은
FROM  tab1 AS t1
WHERE t1.c1 IN ( CAST(:1 AS integer), CAST(:2 AS integer) ) /* 형변환 명시 */
...

/* c1이  varchar 속성일 때 */
FROM  tab1 AS t1
WHERE t1.c1 IN (:1::varchar, :2::varchar) /* 형변환 명시 */
...
혹은
FROM  tab1 AS t1
WHERE t1.c1 IN ( CAST(:1 AS varchar), CAST(:2 AS varchar) ) /* 형변환 명시 */
...

/* 함수는 리턴 타입과 SELECT 칼럼의 타입을 맞춰야한다. 숫자일 경우 더 많은 주의 필요. */
CREATE OR REPLACE FUNCTION ...
RETURNS TABLE(t_bkg_no varchar
          , t_vvd AS varchar
          , t_ymd AS varchar
          , t_if_cd AS varchar ...)
...
SELECT  ...
      /* 서브쿼리는 데이터 타입을 적어주세요.(t_bkg_no로 리턴) */
    , SUBSTR(SELECT t1.c1 FROM tab1 AS t1 ..., 1,50)::varchar AS bkg_no
      /* 칼럼을 가공하면 데이터 타입을 적어주세요.(t_vvd로 리턴) */
    , CONCAT(c1,c2,c3)::varchar AS vvd
      /* 칼럼을 가공하면 데이터 타입을 적어주세요.(t_ymd로 리턴) */
    , TO_CHAR(c4,'YYYYMMDD')::varchar AS ymd
      /* null도 타입 변환을 해주세요.(t_if_cd로 리턴) */
    , null::varchar AS if_cd
```

8.3.14. 고객의 명시적 요청이 없으면 LIKE 검색 시 입력 값 앞쪽에 '%'를 사용하지 않는다.

LIKE 사용 시 입력값 앞쪽에 '%'를 쓰면 상황에 따라 조회 성능이 나빠질 수 있다.

[이렇게 하지 말아주세요.]
```
WHERE c1 LIKE CONCAT('%',:variable,'%')
```

[이렇게 해주세요.]
```
WHERE c1 LIKE CONCAT(:variable,'%')
```

8.3.15. PostgreSQL에서는 'GREATEST', 'LEAST' 사용 시 인자값에 NULL이 있으면 이를 제외하고 비교하므로, 인자값에 'COALESCE' 함수를 사용하지 마세요.

[이렇게 하지 말아주세요.]
```
SELECT GREATEST( COALESCE(c1,0), COALESCE(c2,0) ) AS gre_c1_c2
     , LEAST( COALESCE(c1,0), COALESCE(c2,0) ) AS lst_c1_c2
...
```

[이렇게 해주세요.]
```
SELECT GREATEST( c1, c2 ) AS gre_c1_c2
     , LEAST( c1, c2 ) AS lst_c1_c2
...
```

8.3.16. NULL 허용 칼럼값의 합계를 구할 때는 집계 함수 처리 후 'COALESCE'를 사용하라.

[이렇게 하지 말아주세요.]

```
SELECT SUM( COALESCE(c1,0) )
...
```

[이렇게 해주세요.]

```
SELECT COALESCE( SUM(c1) )
...
```

8.3.17. NULL이 허용되는 칼럼 col1과 col2의 합을 구할 때는 각각 집계 함수 처리와 'COALESCE' 처리가 끝난 후 덧셈 연산을 하라.

[이렇게 하지 말아주세요.]

```
SELECT SUM( COALESCE(C1+C2,0) )
...

SELECT COALESCE( SUM(C1+C2),0 )
...
```

[이렇게 해주세요.]

```
SELECT COALESCE( SUM(C1),0 ) + COALESCE( SUM(C2),0 )
...
```

8.3.18. Empty String('') 대신 NULL을 사용하라.

[이렇게 하지 말아주세요.]

```
INSERT INTO t1(c1,c2...)
VALUES('', :1::varchar ...)
```

[이렇게 해주세요.]

```
INSERT INTO t1(c1,c2...)
VALUES(null::varchar, :1::varchar ...)
```

찾아보기

찾아보기

A

ABS	40
ADD_MONTHS	77
AGE	82
ALIAS	10, 22
ALL	106
ANALYTIC FUNCTION	138
AND	13
ANY	106
ARRAY	95, 96, 97, 98, 101, 103, 104, 152, 213
ARRAY OPERATOR	106
ARRAY_AGG	102, 152
ARRAY_APPEND	98, 213, 216, 219
ARRAY_CAT	99
ARRAY_DIMS	97
ARRAY_LENGTH	98
ARRAY_NDIMS	95, 96, 97
ARRAY_POSITION	99
ARRAY_PREPEND	98
ARRAY_TO_STRING	101, 152
ASCII	61, 63
AVG	32, 33

B

BETWEEN	19
BRANCH	195
BTRIM	61

C

CASE	94
CAST	43, 87
CBRT	41
CEIL	42
CEILING	42
CHARACTER_LENGTH	58
CHAR_LENGTH	58
CHR	62, 63
CHR(0)	63
CLOCK_TIMESTAMP	118, 120, 125, 126, 240
COALESCE	29, 30, 94, 245
CONCAT	49, 76, 105, 219, 240
CONCAT_WS	51
CONNECT BY	191, 192
CONNECT BY NOCYCLE	201
CONNECT_BY_ISCYCLE	217
CONNECT_BY_ISLEAF	199, 214
CONNECT_BY_ROOT	199, 214
CONVERT_FROM	54
COUNT	32
CUME_DIST	152
CURRENT_TIMESTAMP	67, 71, 76, 91, 118, 240

D

DATESTYLE	88
DATE_PART	80, 82
DATE_TRUNC	72, 73, 78
DBMS_RANDOM.VALUE	47

DENSE_RANK	146
DISTINCT	11, 102
DISTINCT ON	184
DIV	42
DO NOTHING	170
DOW	73, 91

E

EMPTY STRING	48, 51, 63
ESCAPE	19
EXCEPT	37
EXCEPT ALL	38
EXISTS	181
EXTRACT	71, 73, 80, 82

F

FILTER	182
FIRST_VALUE	155
FLOOR	42, 83
FROM	11

G

GENERATE_SERIES	105, 179
GIN 인덱스	106
GREATEST	64, 244
GROUP BY	27

H

HAVING	33

I

IGNORE NULLS	156
ILIKE	65
IN	20
INITCAP	49
INNER JOIN	128
INSTR	63, 204
INTERSECT	36
INTERSECT ALL	36
INTERVAL	66, 69, 73, 76, 78
IS DISTINCT FROM	183
ISODOW	73

J

JOIN UPDATE	160

L

LAG	147
LAST_DAY	72
LAST_VALUE	155
LATERAL	171, 175, 239
LEAD	147
LEAST	64, 244
LEFT	55
LEFT OUTER JOIN	132
LEFT OUTER JOIN LATERAL	177

LENGTH	58, 64		NVL2	94
LENGTHB	59			
LIKE	18, 65, 244			
LISTAGG	149		**O**	
LOWER	49			
LPAD	60		OCTET_LENGTH	59
LTRIM	60		ON CONFLICT	170
			ON CONSTRAINT	170
			OR	13
M			ORDER BY	22, 197
			ORDER SIBLINGS BY	198
MAX	28		OUTER APPLY	178
MD5	105		OUTER JOIN	131, 239
MEDIAN	28		OUTER JOIN LATERAL	239
MERGE	163		OVERLAY	57
MIN	28, 30			
MINUS	37			
MINUS ALL	38		**P**	
MOD	45			
MONTHS_BETWEEN	83, 84		PERCENTILE_CONT	28
			PERCENT_RANK	153
			PG_SETTINGS	88
N			POSITION	63
			POWER	41
NEXTVAL	180		PRIOR	193
NEXT_DAY	85			
NODE	194			
NOT	16		**R**	
NOT EXISTS	181, 216			
NOW	70, 118		RANDOM	47, 105
NTH_VALUE	157		RANK	146
NTILE	154		RECURSIVE SUBQUERY FACTORING	205
NULL	16, 20, 30, 50		REGEXP_SPLIT_TO_ARRAY	100
NULLIF	85, 93		REGEXP_SUBSTR	56
NULLS FIRST	25		REPEAT	64
NULLS LAST	24		REPLACE	56
NVL	94			

REVERSE	203		113, 116
RIGHT	56	TIMEZONE	71, 112
ROUND	45, 83	TOMMORROW	70
ROW_NUMBER	145	TO_CHAR	73, 74, 75, 79, 80, 90
RPAD	60, 64	TO_DATE	66, 67, 68, 75, 81, 82, 93
RTRIM	60		
		TO_NUMBER	92
		TO_TIMESTAMP	66, 68
		TRANSLATE	57
		TRIM	61

S

	TRUNC	42, 46, 70, 78

SEARCH BREADTH FIRST	208		
SEARCH DEPTH FIRST	211		
SEARCH_DEPTH_FIRST	221		
SELECT	10		

U

SEQUENCE	180		
SIGN	46	UNION	35
SPLIT_PART	56	UNION ALL	35, 102
SQRT	41	UNNEST	101
START WITH	191	UPPER	48
STATEMENT_TIMESTAMP	118, 122, 123, 124	UPSERT	169
STRING_AGG	150		
STRING_TO_ARRAY	100, 105		
STRPOS	63		

W

SUBSTR	51, 204		
SUBSTRB	54	WHERE	12
SUBSTRING	51	WINDOWING	139
SUM	32	WITH DML	166
SYSDATE	70, 78, 91, 116, 118		
SYS_CONNECT_BY_PATH	199, 203, 214		

X

		XMLTABLE	179
		YESTERDAY	70

T

TIMEOFDAY	118
TIMESTAMP WITH TIME ZONE	
	72, 113, 114, 115
TIMESTAMP WITHOUT TIME ZONE	

ㄴ

난수　　　　　　　　　47

ㅂ

범위 조건　　　　　　17
분석함수　　　　　　138

ㅇ

연산자 우선순위　　　15
인라인뷰　　　　　　21

기타

| |　　　　　　　　50, 240
&&　　　　　　　　104
= 조건　　　　　　　17
@〉　　　　　　　　104